W0071496

ROLAND TRETTL

MIT
CHRISTIAN SEILER

NACHSCHLAG

DER KOCH,
DER ERST OHNE
STERNE UND HAUBEN
DAS WAHRE GLÜCK
FAND

CSV

Liebe Kritiker, ich weiß, dass ihr sehr viel zu tun habt. Deshalb habe ich mir die Verrisse für dieses Buch gleich selbst geschrieben. Ihr müsst sie nur noch kopieren.

Der Totalverriss

Für den Gastroteil der Tageszeitungen

6

Manche Köche wissen, wo sie hingehören: in die Küche. Dort erfinden sie ihre Gerichte. Dort leiten sie die Arbeit ihrer Brigade. Dort achten sie darauf, dass jedes auch den Ansprüchen der Gäste genügt, die schließlich teures Geld dafür bezahlen.

Die Mediengesellschaft hat viele Fehlentwicklungen gezeigt. Eine ganz besondere Fehlentwicklung besteht darin, dass Köche aus der Küche und vor den Vorhang gebeten werden. Nur so ist das Phänomen zu erklären, dass eine Gestalt wie der Südtiroler Roland Trettl plötzlich als so prominent gilt, dass er sich sogar als Buchautor hervortun kann.

Schon als Koch konnte sich Trettl nie vom Ruf der Mittelmäßigkeit befreien. Es ist kein Zufall, dass er ausschließlich als Adlatus von Jahrhundertkoch Eckart Witzigmann in Erscheinung trat, bevor er im von Red-Bull-Gründer Dietrich Mateschitz mäzenierten „Hangar-7" die Ideen weltbekannter Köche reproduzierte und sich in deren Glanz zu sonnen begann.

Allerdings war Trettl nicht intelligent genug, um nach dem Ausscheiden aus dem „Hangar-7" den Rat zu beherzigen, den ihm jeder Wohlmeinende zugeflüstert hätte: „Si tacuisses, philosophus mansisses." Stattdessen maßte er sich an, auf Basis des geborgten Wissens jener, die tatsächlich das Prädikat „Spitzenkoch" verdienen, eine

„Streitschrift" vorzulegen, in der er die Gepflogenheiten der Spitzengastronomie aufs Korn nahm.

Obwohl die sogenannte Streitschrift in erster Linie eine ungebremste Selbstdarstellung des Kochdarstellers Trettl war, hatte dieser noch nicht genug und legt nun einen neuen Band mit Banalitäten vor. Rüpelhaft und im Tonfall eines Halbstarken zieht Trettl in „Nachschlag" über die Branche her, der er seinen bescheidenen Ruhm zu verdanken hat. Er stellt wertvolle Traditionen und kulturelle Feinheiten der kulinarischen Welt in Frage, indem er wie ein Elefant durch den Porzellanladen trampelt und dazu noch laut Beleidigungen hinaustrompetet – völlig unverständlich, dass sich der frühere „profil"-Chefredakteur und bekannte Stilist Christian Seiler für diesen Schund als Ghostwriter hergibt.

Damit sind der schlechten Nachrichten leider immer noch nicht genug. Denn Trettl, der inzwischen als Fernsehmoderator sein Auslangen findet und seichte Unterhaltung produziert, spürt plötzlich die Notwendigkeit, die Welt auch an Gedanken teilhaben zu lassen, die er lieber mit seinem Ernährungsberater oder Proktologen besprechen sollte. Das ekelhafte Motiv auf der Titelseite ist also nicht nur eine billige Provokation, die für Gesprächsstoff und Aufmerksamkeit in der Krawallpresse sorgen soll. Das Bild von Trettl bei der Verrichtung seiner Notdurft findet im Buch seine Entsprechung in Auslassungen des Möchtegern-Provokateurs über den menschlichen Nahrungskreislauf, die an Banalität nicht zu überbieten sind. Wenn Trettl glaubt, dass allein die vielfach wiederholte Benennung menschlicher Exkremente als Sch… für Interesse und – wie er es wohl nennen würde – „Coolness" sorgen kann, dann ist er einmal mehr auf dem falschen Dampfer.

Guter Rat an den „Buchautor" Trettl: Überlassen Sie das Schreiben denen, die etwas zu sagen haben. Begeben Sie sich stattdessen zurück in die Küche und lernen Sie endlich, Rote-Bete-Knödel zu kochen.

Verrissmuster 2:

Enttäuschung für die Leserin

Für alle Frauenmagazine

Wenn Roland Trettl im Fernsehen auftritt, geht ein Licht auf. Im Gegensatz zu allen anderen Moderatoren versprüht Trettl nicht nur Charme, sondern auch Empathie. Wenn er in seinem Erfolgsformat „First Dates" Singles miteinander bekannt macht, spürt man direkt sein warmherziges Hoffen, dass die beiden miteinander etwas anzufangen wissen.

Trettl sagt: „Es gibt nichts Größeres, als Menschen zu helfen, andere Menschen zu lieben." Man glaubt ihm. Man glaubt ihm, weil er es in seinem südtirolerisch eingefärbten Deutsch sagt, das nie ganz perfekt, aber genau deshalb umso charmanter ist. Und es wäre wohl gelogen, wenn man dabei Trettls Lächeln ausblenden würde: dieses spitzbübische, süße Lächeln, das so gut zu den Fältchen um die Augenpartie passt. Er sieht gut aus. Man sieht ihn gern an.

Es war also eine vielversprechende Nachricht, dass dieser Roland Trettl ein Buch herausbringt. Aber leider war bereits der erste Blick auf das Werk namens „Nachschlag" eine Enttäuschung. Die Titelseite ziert nämlich nicht etwa das reife, sympathische Gesicht des Südtiroler Entertainers – sondern ein Trettl, der die Hosen herunterlässt. Aber aus einem Motiv, das viele weibliche Fans Trettls vielleicht entzückt hätte, wurde nichts. Denn Trettl zog es vor, sich aufs stille Örtchen zurückzuziehen – ein Anblick, auf den wir bei aller Sympathie lieber verzichtet hätten.

Das ist allerdings nicht die einzige Enttäuschung, die dieses Buch für Trettl-Fans bereithält. Denn wer sich von „Nachschlag" erhofft, mehr aus dem Privatleben von Roland Trettl und seiner bezaubernden Frau Daniela zu erfahren, wird mit ein paar beiläufigen Sätzen abgespeist. Stattdessen zieht Trettl über Sitten und Unsitten der Gastronomie vom Leder und arbeitet sich an den Klischees der Hochgastronomie ab. Überflüssiges Engagement, hat er doch seine Vergangenheit als Koch längst hinter sich gelassen. Eine positive Nachricht für seine Fans liefert Trettl allerdings: Er denkt gar nicht daran, jemals wieder in eine Restaurantküche zurückzukehren. Gut so.

So charmant, wie Trettl im Fernsehen auftritt, so derb ist er freilich als Autor. Seine Sprache ist gespickt von Kraftausdrücken. Er verherrlicht das Über-die-Stränge-Schlagen und stellt Essen über Sex und Leidenschaft. Nur in wenigen Kapiteln – zum Beispiel über seine Versuche, schlank zu bleiben, ohne Diät zu halten – zeigt sich Trettl als der charmante, witzige Kopf, als den wir ihn kennen und mögen.

Auch wer sich von einem Trettl-Buch interessante Bilder des TV-Stars verspricht, wird enttäuscht. Statt in ansehnlichen Porträts bekommen wir Trettl in krampfigen, manchmal sogar anzüglichen Posen zu sehen, die wohl witzig gemeint sind, aber höchstens für ein bemühtes Schmunzeln taugen.

Bei aller Sympathie: Das ist nicht der Trettl, den wir sehen wollen. Also bitte zurück an den Start. Leider.

9

Verrissmuster 3:
Kurzkritik
Für die Vermischten Seiten

Angekündigt war: TV-Entertainer und Ex-Koch Roland Trettl (48) mischt mit seinem Buch „Nachschlag" die gastronomische Szene auf. Aber statt Mälzer, Raue & Co richtig ans Bein zu pinkeln, setzt sich Trettl selbst auf die Toilette: mit heruntergelassenen Hosen. Seine Attacken gegen Gault&Millau und Michelin: kalter Kaffee eines enttäuschten Kochs. Einfache, gute Rezepte: Fehlanzeige. Tratsch aus der TV-Welt: nicht der Rede wert. Nur die Bilder sind witzig – aber das reicht nicht.

Zwei von fünf Sternen.

Die Schlaumeier-Kritik

Für Feuilleton- und Literaturredakteure

Eine gewisse Bauernschläue mag dem Küchentorero Roland Trettl eignen, ja auszeichnen. Wenn er jedoch glaubt, sein neues Buch mit einer Reihe selbst geschriebener Verrisse selbstironisch eröffnen zu können und damit gegen echte Verrisse zu immunisieren, dann schießt er übers Ziel hinaus.

Das vielleicht Erstaunlichste an dieser hermeneutischen Volte ist, dass man Trettl nicht zugetraut hätte, auf eine Finte zurückzugreifen, die vor ihm bereits der Schriftsteller Friedrich Torberg unternahm. An die Stelle eines Vorworts zum zweiten Teil der Anekdotensammlung „Die Erben der Tante Jolesch" (1978) platzierte Torberg Verrisse der Fortsetzung seines Erfolgsbuches und machte sich mit feiner Klinge über seine Kritiker lustig, die ihm beileibe nicht nur wohlgesinnt waren.

Trettl wird sich mit der Raubkopie dieses blendenden Einfalls nicht auf eine Stufe mit Torberg hocharbeiten können. Sein Instrument ist nicht das Florett, wie bei Torberg, sondern der Baseballschläger.

Die zierlichen, kulturell hochstehenden Verästelungen der Hochgastronomie, unter deren Firmament er über die Jahre zu einem gewissen Ansehen gelangte, interessieren Trettl nicht mehr. Arrogant setzt er sich über jahrzehnte-, ja jahrhundertelang verfeinerte Regeln hinweg, stellt unantastbare Instanzen der Gastro-

11

nomie wie den Guide Michelin in Frage, nur um selbst an Statur zu gewinnen.

Die Rechnung geht nicht auf. Trettl kann noch so wüten und sich dabei einer Sprache befleißigen, die es nicht verdient, zwischen Buchdeckel gedruckt zu werden – er wird niemals die Bedeutung erlangen, die er sich selbst offenbar beimisst. Wir Anhänger einer gepflegten Gastronomie – und einer gepflegten Sprache – können dem Südtiroler Rüpel nur dieses Zitat des großen französischen Aphoristikers François de La Rochefoucauld zurufen:

„WER OHNE
DIE WELT
AUSZUKOMMEN
GLAUBT, IRRT SICH.
WER ABER GLAUBT,
DASS DIE WELT
NICHT OHNE IHN
AUSKOMMEN
KÖNNE, IRRT SICH
NOCH MEHR."

Inhalt

PLUS DIE 13 WELTBESTEN REZEPTE

Wie ich wurde, der ich bin. Die merkwürdigen Wendungen meines Lebens

In meinem Leben sind viele Dinge passiert, die ich nicht geplant hatte. Eigentlich habe ich die meisten Dinge nicht geplant: dass ich überhaupt Koch wurde; dass mich Herr Witzigmann eingestellt hat; dass ich ins „Tantris", in die „Aubergine" und mit Mitte zwanzig für fünf Jahre nach Mallorca ging; die Zeit in Tokio; dann die elf Jahre im „Hangar-7".

Zu jeder Zeit war ich stolz auf das, was ich gerade erreicht hatte. Zu keiner Zeit dachte ich darüber nach, ob ich irgendwo eine Abzweigung verpasst habe, auf der ich vielleicht in ein noch besseres Leben abgebogen wäre. Ich war, um es pathetisch zu sagen, an jedem Tag meines Lebens damit zufrieden, was ich tat und wo ich war.

Trotzdem macht es mir vielleicht die größte Freude, wenn ich heute meine Gegenwart betrachte. Diese Gegenwart hat damit begonnen, dass ich das interessanteste Projekt verlassen habe, an dem ich entscheidend beteiligt war: den „Hangar-7". Der „Hangar-7" war surreal, war Hollywood. Du musstest diesem größenwahnsinnigen Konzept gerecht werden und konntest den größtmöglichen Aufwand betreiben, vom Einkauf bis zur Umsetzung, und natürlich wusste ich, dass ich diese Voraussetzungen an keinem anderen Ort der Welt mehr vorfinden würde.

Die Umsetzung des Gastkochkonzepts lief super, aber ich spürte, dass es Zeit für etwas Neues ist. Allerdings hatte ich keine Ahnung, was das sein könnte.

Ich dachte darüber nach, ein kleines Fine-Dining-Restaurant für dreißig Gäste zu eröffnen. Ich überlegte, kulinarischer Berater für eine Hotelkette zu werden. Mir gingen auch ganz andere Dinge durch den Kopf. Was, fragte ich mich, könnte ein Fastfood-Konzept sein, das auf der ganzen Welt funktioniert? Oder soll ich eine Berghütte eröffnen, auf der ich den Rote-Bete-Knödeln vom „Patscheider Hof" Konkurrenz mache? Soll ich mich für besseres Essen in den Kindergärten engagieren oder überhaupt in ein Kloster gehen und Bier brauen?

Ich habe in dieser Zeit viel ausprobiert. Bei großartigen Handwerkern gelernt, wie man tischlert, näht oder Skulpturen macht. Habe ein Buch geschrieben. War Mitarbeiter einer Internet-Zeitung, die es bald nicht mehr gab. Aber eines habe ich nicht: Ich habe keine Angst bekommen, selbst dann nicht, als es finanziell ein bisschen knapp zu werden begann.

Natürlich brauchst du in solchen Situationen ein bisschen Mut, um nicht beim nächsten Anrufer, der dir ein Angebot macht, sofort Ja zu rufen und dich Hals über Kopf in ein neues Abenteuer zu stürzen. Du brauchst aber auch Glück. Und die richtigen Menschen.

Der richtigste Mensch ist natürlich meine Frau. Sie hat mir nie Druck gemacht, sondern immer signalisiert: Mach dir keine Sorgen, Schatzi, wir kriegen das gemeinsam hin. Wenn nötig, treten wir kürzer. Aber es wird schon die richtige Gelegenheit kommen.

Und die richtige Gelegenheit ist gekommen.

Die richtige Gelegenheit kam in der Gestalt von Tim Mälzer, den ich in München wiedergetroffen habe, als ich als Gastjuror zu „The Taste" eingeladen wurde. Ich hatte ihn Jahre davor in Frankfurt auf einer Fete kennengelernt und war total überrascht, wie höflich und respektvoll er sein konnte. Bei diesem ersten Gespräch waren wir sogar per Sie. Aber das hat ihn dann bei „The Taste" nicht davon abgehalten, mir vor laufenden Kameras anzudrohen, dass er mir die Kniescheibe zertrümmert, wenn ich seinen Kandidaten rausschmeiße.

Tim war damals schon auf seinem enormen Höhenflug, und er konnte nicht mehr alle Sendungen machen, die ihm angeboten wurden. Weil er notorisch neugierig ist und lieber etwas Neues anfängt, als immer wieder in alten, erprobten Formaten mitzuspielen, verabschiedete er sich nach der dritten Staffel von „The Taste", obwohl die Show megaerfolgreich war. Sein Platz wurde also frei – und ich bin ziemlich sicher, dass Tim seine Finger im Spiel hatte, als wenig später das Produktionsteam bei mir anrief, ob ich nicht fix zu „The Taste" stoßen will, als Coach meiner eigenen Kandidaten.

Und wie ich wollte.

Ich hatte ja schon ein bisschen Fernsehen gemacht. Auf ServusTV liefen ein paar Sachen, die schön und gut produziert waren. Das Problem war nur, dass niemand zugeschaut hat.

Plötzlich hatte ich also die Möglichkeit, mit dem, was ich mache, nicht nur eine Handvoll Menschen – die Gäste in unserem Restaurant – zu erreichen und im Idealfall glücklich zu machen, sondern hunderttausende, wenn nicht sogar Millionen Zuschauer, die sich unsere Shows anschauten. Ich muss ganz ehrlich sein: Schon als Kind hatte ich davon geträumt, irgendwann einmal auf einer Bühne zu stehen und wie Robbie Williams vor 80.000 Menschen zu performen. Nachteil: Ich kann weder singen noch tanzen. Aber ich kann kochen, darüber reden, und das Fernsehen ermöglicht mir, damit ein richtig großes Publikum zu unterhalten. Und wenn mich jemand fragt, ob ich tatsächlich der Typ bin, der das Rampenlicht und das Rotlicht der Kamera mag – ja, genau so ein Typ bin ich.

Was jetzt passierte, war nicht nur insofern unwahrscheinlich, als es überhaupt passierte, sondern auch, mit welcher Geschwindigkeit es passierte. Auftritte bei „The Taste", die erste Folge von „Kitchen Impossible" (Seite 75).

Dann kam Frank Rosin ins Spiel. Auch ihn hatte ich als Gastjuror bei „The Taste" kennengelernt. Nachdem die ersten Anfragen gekommen waren, rief ich Frank an und fragte ihn: „Sag mal, du hast doch Erfahrung. Soll ich mir ein Management zulegen, oder brauch ich so was nicht?"

Darauf sagte Frank: „Das ist tatsächlich eine wichtige Frage. Ich kann dir nur so viel sagen: Ein Management kümmert sich um alles, wofür du dich nicht interessierst. Und damit hast du die Antwort."

Mälzer ebnete mir den Weg ins Fernsehen, Rosin half mir, dafür professionelle Voraussetzungen zu schaffen. Ich verdanke beiden Kollegen sehr viel.

So fing meine Gegenwart an. Als Nächstes kam die „Karawane der Köche", die leider nicht so abhob, wie wir uns das gewünscht hätten. Aber ich kam gar nicht dazu, darüber nachzudenken, ob es das schon gewesen sei mit meiner Fernsehkarriere. Denn es gab jede Menge neue Anfragen von Produzenten und Sendern, zum Teil mit den abenteuerlichsten Ideen.

Im Zentrum stand natürlich immer die Idee, dass ich Koch bin und dass ein Koch eine Kochshow macht. Was auch sonst. Die Macher von Kabel eins wollten mich unbedingt für ein Format namens „Gekauft, gekocht, gewonnen" engagieren, das ich mit Frank Rosin machen sollte. Dafür hätten wir im Supermarkt irgendwelchen Leuten aufgelauert, sie beim Einkaufen beobachtet, an der Kasse angesprochen und dann mit ihrem Einkauf drei Gänge gekocht. Verschiedene Kandidaten, eine Jury, ein Sieger. Ganz schlimm. Das Format wurde später tatsächlich umgesetzt, aber nicht mit mir.

Gleichzeitig meldeten sich der damalige VOX-Chef Bernd Reichart und sein damaliger Unterhaltungschef Kai Sturm bei meinem Management. Sie hatten die Idee zu einer Datingshow. Das Format war in England, Australien und Spanien schon eingeführt. Ich ließ mir ein paar Folgen zum Anschauen schicken. Mein Management war anfangs sehr kritisch. Wenn das floppt, sagten sie, dann haben wir ein Problem ...

Aber so denke ich nicht. Ich überlege mir doch nicht, wie ich ohne Arm koche, bevor ich den Arm verloren habe.

Wieder einmal saß ich mit meiner Frau auf dem Sofa. Auf dem Bildschirm liefen die Folgen dieser Datingshow, und wir schauten uns auch die englischen und australischen Versionen an und fanden beide: „Eigentlich geil."

Ich rief mein Management an und sagte, dass ich mehr über das Format wissen will. Es hieß „First Dates". Ich wollte die Menschen hinter der Produktionsfirma Warner Bros. kennenlernen, einfach, um ein Gefühl zu bekommen, mit wem ich da zusammenarbeiten würde. Ich flog nach Köln, besuchte die Halle, wo das Set für die Show aufgebaut werden sollte, wir begannen sofort über Details zu reden. Wie das Restaurant, wo sich die Gäste treffen, aussehen soll. Welches Geschirr auf den Tischen steht. Wie die Bar eingerichtet wird. Die Grundidee des Formats ist ja klar und überzeugend: Zwei Menschen treffen sich zum ersten Mal und essen miteinander. Das Drumherum dient dazu, diese Situation möglichst realistisch und authentisch zu inszenieren.

Die Entscheidung war da aber noch nicht gefallen, obwohl ich eindeutig Sympathien für „First Dates" hatte. Ich ging zu meiner Energetikerin, die ich ein-, zweimal pro Jahr besuche. Sie machte ein interessantes Experiment mit mir. Sie schrieb die Namen der beiden Shows, zwischen denen ich mich entscheiden sollte, auf je ein Blatt Papier, drehte die beiden Zettel um und legte sie so auf den Boden, dass ich nicht wusste, auf welchem Blatt was stand. Auf dem einen Blatt das Kabel-eins-Format, auf dem anderen „First Dates".

„Jetzt hör in dich hinein, auf welcher Seite du lieber Wurzeln schlagen willst", sagte die Energetikerin und überließ mich meinen eigenen Wahrnehmungen. Man kann die Methode doof finden und darüber lachen, alles okay, aber ich hatte eindeutige, starke Empfindungen, die mich auf eine Seite zogen und von der andern abstießen. Und es kann niemanden mehr überraschen, dass auf dem Blatt Papier, das ich aufhob und umdrehte, „First Dates" stand.

Ich sagte also zu. Es war eine super Entscheidung, und diese Entscheidung hat natürlich mein Leben auf den Kopf gestellt. „First Dates" (Seite 95) läuft 180-mal im Jahr. Das bedeutet, dass ich sehr viel Zeit in Köln verbringe, oft im Hotel schlafe und praktisch jeden Werktag zwischen 18 und 19 Uhr im Fernsehen zu sehen bin.

Paradox daran ist, dass ich zwar viel mehr weg bin als früher, aber gleichzeitig auch viel mehr zu Hause. Denn wenn ich daheim bin, bin ich daheim, und sobald ich nach Hause komme, bin ich auch kein Fernsehstar mehr und muss als Erstes die Spülmaschine ausräumen, weil meine Frau sagt: „Hier ist das echte Leben, Schatzi."

Irgendwann in dieser Zeit feierte der große Hans Haas ein Jubiläum im „Tantris" mit einem Event, zu dem er einige seiner Lieblingsschüler einlud. Ich war sehr stolz, dass auch ich Teil der Veranstaltung war und einen Gang beisteuern durfte. Die Laudatio hielt der Comedian Michael Mittermeier, einer meiner Helden. Ich verfolge seit Jahrzehnten im Fernsehen, was er macht, lese seine Bücher und bin Fan. Jetzt lernte ich ihn persönlich kennen, und obwohl ich mir eigentlich gedacht hatte, der Typ schaut mich doch mit dem Arsch nicht an, standen wir nach dem Essen an der Bar, tranken noch was und kamen ins Reden. Als wir dann auf die Uhr schauten, war es sieben Uhr früh, und uns war noch lange nicht langweilig geworden. Wir haben uns angefreundet. Sind mit unseren Frauen essen gegangen, haben uns zu Hause getroffen und miteinander gekocht.

Gleichzeitig kam die Anfrage für ein neues Format herein. Es heißt „True Story" und wurde in Australien entwickelt: Zwei Radiokommentatoren haben sich vor die Kamera gewagt und treffen Leute, die ihnen skurrile, unglaubliche, witzige, vor allem aber wahre Geschichten erzählen.

Ich habe mir das Format im Original angeschaut und war total begeistert. Der Sender hatte auch schon eine Idee, mit wem ich das gemeinsam machen könnte: mit Michelle Hunziker. Das erzählte ich zu Hause der Dani. Sie hat mich nur angeschaut und gesagt: „Du blöder Kerl, mit der Michelle Hunziker?"

Ich dachte für einen Moment, dass sie jetzt tatsächlich eifersüchtig wird. Aber dann sagte sie: „Das gönne ich dir! Wenn schon eine geile Frau, dann die Michelle Hunziker."

Michelle Hunziker hat etwas besonders Feines. Ich freute mich schon total auf die Zusammenarbeit, aber dann sagte Michelle leider ab, und wir mussten zurück an den Start.

Da fiel mir Michael Mittermeier ein. Ich schlug ihn vor, der Sender war begeistert, er schaute sich das Format an – und sagte zu. Wir drehten sieben Folgen. In jeder Folge werden zwei Geschichten erzählt. Plötzlich – über den Umweg des „First Dates"-Restaurants – war ich in einem Fernsehformat gelandet, das nun gar nichts mehr mit Kochen zu tun hat. Wir haben am Set nicht einmal ein Glas Wasser stehen, das ich einschenken könnte.

Ich saß dann zu Hause und schaute mir den Rohschnitt von „True Story" an, wie ich mit dem Michael dasitze und diesen Menschen dabei zuhöre, wie sie ihre unglaublichen Geschichten erzählen. Klar denke ich mir: Was geht ab? Wie konnte das passieren? Warum ich? Es gibt jede Menge Moderatoren, die „wie" und „als" besser unterscheiden können als wie ich. Die mit Abstand nicht so viele grammatikalische Fehler machen. Eigentlich sollte ein Fernsehmoderator ja sprechen können, aber wenn ich mir selbst so zuhöre, dann kann das wohl nicht alles sein. Vielleicht ist es eine gewisse Empathie, vielleicht der Respekt vor Menschen, den ich in dreißig Jahren Gastronomie gelernt habe.

Vielleicht ist es auch was anderes, ich muss es zum Glück nicht wissen, ich muss es nur sein.

Ich habe in der Zwischenzeit einen Dreijahresvertrag bei VOX unterschrieben. Wir drehen „First Dates". „True Story" ist unterwegs, neue Formate in Entwicklung. Mein Leben wurde auf links gedreht – und es läuft.

Manchmal frage ich mich, was das mit mir gemacht hat. Ich bin bekannter geworden, klar, und es gibt kaum einen Flug, auf dem ich nicht mit irgendwem ein Selfie mache. Aber ich habe meine Gewohnheiten nicht geändert. Ich gehe kaum auf Events, weil ich im Grunde noch immer menschenscheu und schüchtern bin. 2018 war ich zum Beispiel zu meiner ersten Bertelsmann-Party eingeladen, da marschiert das „Who's Who" der deutschen Fernsehbranche auf. Bertelsmann ist ja auch mein Arbeitgeber, also bin ich nach Berlin geflogen.

Eigentlich wurde ich schon auf dem roten Teppich erwartet, aber mein Flug war verspätet, und als ich ankam, konnte man schon im Livestream sehen, wer gerade aus der Limousine steigt, wen die Fotografen umkreisen und wer sich in Pose wirft.

In diesem Augenblick sagte ich dem Fahrer, der mich abholte: „Bitte nicht zur Party. Zuerst ins Hotel." Im Hotel schaute ich mir dann in aller Ruhe den Livestream an, bis auch die letzten sogenannten Stars eingetroffen waren, dann band ich mir die Fliege um und ließ mich auf die Party bringen, wo ich niemandem mehr auffiel – welche Erleichterung.

Events, Partys, Bälle: nichts für mich. Lieber bin ich bei meinen zwei Liebsten zu Hause oder gehe mit Freunden essen. Ein Glück, dass ich nicht mehr zwanzig bin und mir meine Hörner längst abgestoßen habe. Wäre mir das, was gerade passiert, damals passiert, weiß ich nicht, ob es gut ausgegangen wäre.

Früher habe ich es geliebt, wenn mich jemand bewundert hat. Heute liebe ich die, die mich kritisieren. Wenn mir heute jemand sagt: „Roland, du schaust aus wie der jüngere Bruder von George Clooney", dann gähne ich nur. Es interessiert mich viel mehr, wenn einer sagt: „Meine Güte, bist du ein Trottel."

Warum ich Südtirol hasse. Und noch mehr liebe

Mit Südtirol verbindet mich eine echte Hassliebe. Einerseits ist meine Liebe zu diesem genialen Land innig und tief. Andererseits habe ich in Südtirol so ziemlich alles Unerfreuliche erlebt, was ein ehrgeiziger junger Mann erleben kann. Zuerst bin ich ignoriert worden. Dann belächelt. Dann bekämpft. Inzwischen mag man mich in meiner Heimat. Aber es hat lange gedauert.

Ich gebe ja zu, dass ich es meinen Landsleuten nicht immer einfach gemacht habe. Als pubertierender Sechzehnjähriger bin ich zum Beispiel mit bleichem, gepudertem Gesicht, schwarzen, wild hochtoupierten Haaren – wie sie Robert Smith, der Sänger von The Cure, trug –, engen Radlerhosen und einem Mantel, der mir bis zu den Fußgelenken reichte, im Hochsommer durch unser Dorf spaziert. Kein Wunder, dass die Nachbarn mich nicht für voll genommen haben. Aber kaum hatte ich Erfolg, war in

München in der Küche des berühmten Eckart Witzigmann gelandet und schließlich dessen rechte Hand geworden, sprachen sie hinter meinem Rücken schlecht über mich. Und ich bekam immer wieder zu hören, dass bei solchen Möglichkeiten, wie die „Aubergine" sie bot, jeder Koch gut aussehen kann – sogar ich. Was mich dieser Weg an Anstrengungen und Entbehrungen gekostet hatte, war hingegen egal.

Seit ein paar Jahren ist alles gut. Ich habe keine Robert-Smith-Frisur mehr und keine Radlerhosen (gibt es nicht in meiner Größe). Ich liebe es, nach Südtirol zu kommen. Am Brenner schlägt mein Herz schon hoch, weil ich entweder meine Eltern treffe oder beim „Patscheider Hof" Knödel essen gehe.

Eine besondere Freude habe ich, wenn ich in Südtirol Events koche. Das sind immer sehr aufregende Veranstaltungen, weil ich von lauter Menschen umgeben bin, mit denen ich aufgewachsen bin. Ich mag sie, sie mögen mich. Und es fällt mir immer leichter, die schönen Seiten von Südtirol zu sehen und mich an ihnen zu freuen. Außerdem sehe ich, dass etwas weitergeht. Es rührt sich was, wo früher Stillstand herrschte – aber noch immer nicht genug, und deshalb bin ich manchmal auf Kollisionskurs mit der Mehrheit der Menschen in diesem Land.

Ich werde ja immer wieder mal gefragt, ob ich mir vorstellen kann, wieder in Südtirol zu leben. Klare Antwort: nein. Ich mag nicht in einem Land leben, wo zwei Drittel der Bevölkerung gegen den Bau eines Flughafens in Bozen sind.

Für dieses Statement habe ich natürlich ordentlich auf die Fresse bekommen. Aber so denke ich halt. Ich bin jemand, der mindestens einmal pro Woche im Flieger sitzt – also könnte ich nicht an einem Ort leben, von wo ich stundenlang zum nächsten Flughafen nach München, Verona oder Mailand fahren muss.

Aber gleichzeitig kann ich natürlich auch nicht ohne dieses Südtirol. Im Winter bin ich immer per Liveticker dabei, wenn der HC Bozen oder meine Rittner Buam Eishockey spielen. Das wird mich wahrscheinlich noch im Altersheim interessieren, und ich werde meinen Krückstock mit dem Eishockeyschläger verwechseln. Ich freue mich, wenn Dominik Paris auf der Streif gewinnt, auch wenn ich ihn gar nicht persönlich kenne. Wenn ich die Musik vom Herbert Pixner Projekt höre, geht mir das Herz auf. Mit Heiner Oberrauch, seiner Truppe und der Ziegenkäsemanufaktur Capriz verbindet mich eine wertvolle Zusammenarbeit. Und wenn ich in einen Südtiroler Apfel beiße, kommen mir sowieso die Tränen – auch wenn die Südtiroler nicht mich, sondern meine Hamburger Kollegin Cornelia Poletto zur Markenbotschafterin für Äpfel aus der Region gemacht haben. Ich mag sogar den Südtiroler Speck, auch wenn ich kein Verständnis dafür habe, warum uns niemand erklärt, dass dieser Speck von dänischen, deutschen und holländischen Schweinen stammt und nur in Südtirol verarbeitet wurde. Es weiß doch die ganze Welt, dass in Südtirol nicht genug Platz für so viele Schweine ist, wie Speckseiten zu haben sind. Das könnte man doch einfach offen kommunizieren und die Menschen nicht für blöd verkaufen.

Vor kurzem bekam ich dann tatsächlich den Anruf, auf den ich schon lang gewartet hatte: Ich wurde als Moderator für eine Veranstaltung in München gebucht, wo das EU-Gütesiegel für Südtiroler Lebensmittel präsentiert wurde: für Äpfel, Wein, Speck und Stilfser Käse.

„Wow", dachte ich mir, „jetzt hast du es echt geschafft." Und ich war richtig stolz, das Ding zu moderieren. In meiner bekannt bescheidenen Art dachte ich mir natürlich auch: Wer soll das können, wenn nicht ich?

Was liebe ich also am meisten an Südtirol?

Es ist der Genuss, den dieses Land bereiten kann. Ich kenne kaum einen Landstrich, der eine so vielfältige kulinarische Kultur hat. Von tollen Hütten und Wirtshäusern bis zum Drei-Sterne-Koch Norbert Niederkofler. Große Dichte an Michelin-Sternen, falls das wen interessiert, aber noch viel mehr richtig geile Wirtshäuser, Pizzerien, Italiener, die einen fantastischen Job machen. Wenn ich über den Obstmarkt in Bozen gehe, schlägt mein Herz höher – ganz zu schweigen von der Qualität des Kaffees, wie man ihn hier in jeder kleinen Bar bekommt.

Ich habe ein richtiges Ritual entwickelt. Wenn ich über den Brenner fahre, bleibe ich bei der ersten Autobahnstation stehen und hole mir einen Espresso. Dieser Espresso – samtig, heiß und knackig – sagt alles, was Südtirol von Nordtirol unterscheidet.

PS:
LIEBE NORDTIROLER!
NEHMT EUCH DOCH MAL
EINE HALBE STUNDE
ZEIT, FAHRT ÜBER
DEN BRENNER UND
SCHAUT EUCH AN,
WIE MAN GUTES BROT
UND GUTEN KAFFEE
MACHEN KANN –
UND DANN MACHT
ES AUCH!

MANDER, 'S ISCH ZEIT.

PPS:
LIEBE SÜDTIROLER,
WENN IHR WIEDER
EINMAL EINEN MARKEN-
BOTSCHAFTER FÜR
SÜDTIROLER ÄPFEL
SUCHT, WILDERT NICHT
IN DER HANSESTADT
HAMBURG, SONDERN
RUFT MICH AN.
ICH BIN NICHT NUR
SÜDTIROLER, SONDERN
HABE AUCH SO PRALLE
BACKEN WIE DIE ÄPFEL
AUS DEM EISACKTAL.
UND SONST FRAGT
NIEMAND ANDEREN ALS
MEINE LIEBE FREUNDIN
CORNELIA POLETTO.

EIN PAAR
DINGE MÜSST
IHR WISSEN,
WENN IHR
NACH MEINEN
REZEPTEN
KOCHT.

Für wie viele Esser das jeweilige Rezept ausgelegt ist, werdet ihr von mir nicht erfahren. Da müsste ich ja wissen, wie ihr euer Essen plant. Ob das Gericht eine Vor- oder eine Hauptspeise ist, ob Menschen am Tisch sitzen, die viel oder wenig essen: Findet das ruhig selbst heraus.

Die Mengenangaben sind allesamt in Gramm. Das ist einfach genauer. Wenn ihr sowieso schon eure Küchenwaage hergenommen habt, dann könnt ihr ja auch die Flüssigkeiten abwiegen und müsst nicht mit irgendwelchen Messbechern herumpfuschen.

Sollten euch die Mengenangaben beim Salz fehlen, dann solltet ihr eines beherzigen. Kochen ist eine dauernde Annäherung an den idealen Geschmack. Und wie findet diese Annäherung statt? Ganz klar, durch ständiges Abschmecken. Ein Koch, der während des Kochens nie probiert, ist kein Koch. Wenn ihr beim Kochen dieser Gerichte herausfindet, dass ihr sie ein bisschen milder, kräftiger oder schärfer haben wollt – nur zu.

Falls ihr euch über die Hinweise auf die Gewürze von STAY SPICED! wundert: Ich bin Mitinhaber dieser Firma, deshalb habe ich in meiner Küche natürlich eine riesige Schublade mit dem gesamten Sortiment. Ich kann diese Gewürze mit größtem Nachdruck empfehlen. Einige der Gewürzmischungen sind mir zum ständigen Begleiter, sozusagen selbstverständlich geworden. Für alle, die diese Mischungen nicht (oder noch nicht) zu Hause haben, sind entsprechende Alternativen angegeben.

Für das Endresultat gilt sowieso, wie schon oben angemerkt: Ihr müsst so lange abschmecken, bis euch der Geschmack passt. Es sind jetzt eure Gerichte.

33

DIE WELTBESTEN
ROTE-BETE-KNÖDEL

Jeder kennt Knödel, und jeder hält Knödel für etwas Einfaches. Aber leider stimmt das nicht. Allein wie du die Knödelmasse angreifst, macht den entscheidenden Unterschied. Die Masse darf nicht brutal angepackt werden, aber auch nicht fad gestreichelt, so wie es eine Masseurin im Drei-Sterne-Hotel mit dir macht. Die Knödelmasse muss geknetet werden, bis sie gute Laune hat.

Rote-Bete-Knödel:

320 g Knödelbrot (aus ca. 5 Semmeln)
1 EL Mehl
50 g Butter
80 g Zwiebeln, gewürfelt
2 g Korianderkörner, ganz
40 g Kapern, fein gehackt
5 Salbeiblätter
1 Msp. Knoblauchflakes
Pfeffer, idealerweise Pfeffermischung
Schwarzes Gold
20 g Balsamico
360 g Rote Bete, gekocht, gehäutet und gewürfelt
120 g Magerquark
30 g Rote-Bete-Pulver, fein gemahlen (plus 1 EL für das Kochwasser)
3 Eier
Salz

Zum Anrichten:

80 g Schotten-Käse oder Parmesan, fein gerieben
Nussbutter (Seite 158) aus
200 g Butter

Für die Rote-Bete-Knödel

Knödelbrot mit Mehl vermischen.

In einer Pfanne Butter zerlassen, die Zwiebeln glasig anbraten. Rote Bete-Würfel, Korianderkörner, Kapern, Salbei, Knoblauchflakes und die Pfeffermischung mitrösten und dann mit Balsamico ablöschen. Diese Masse durch den Fleischwolf (feine Scheibe) drehen oder fein hacken. Dann zu dem Knödelbrot geben und mit dem Rote-Bete-Pulver, dem Quark und den Eiern vermischen. Vorsichtig kneten.

Einen großen Topf mit Wasser aufstellen, Salz und einen Esslöffel Rote-Bete-Pulver hinzufügen.

Knödel formen (je ca. 60 Gramm schwer) und 10 Minuten im nicht mehr kochenden Wasser ziehen lassen. Sie sind fertig, wenn sie aufsteigen.

Zum Anrichten mit Schotten-Käse (oder Parmesan) bestreuen und zum Abschluss mit Nussbutter übergießen.

DIE WELT BESTEN GRAUKÄSKRAPFEN

Innen ist dieses herrliche kleine Kräpfchen wunderbar weich und cremig. Dazu kommt das feine, ins Süße tendierende Laucharoma. Hauptdarsteller ist natürlich der intensive und recht kräftige Graukäse, bestens inszeniert vom Topfenteig, der das Ganze umhüllt. Am Schluss wird alles mit Schüttelbrotkrümeln paniert und im Ofen gebacken. Ein Fest der Konsistenzen: Das Cremige vereint sich mit dem Zarten, das Weiche mit dem Knusprigen.

Quarkteig:
200 g Mehl
200 g Quark
100 g Butter

Für den Quarkteig alle Zutaten glatt rühren und 12 Stunden abgedeckt im Kühlschrank ruhen lassen. Dann 4 Millimeter dick ausrollen.

Fülle:
200 g Lauch, in Ringe geschnitten
30 g Butter
150 g Graukäse, in Würfel geschnitten
Salz
Schwarzer Pfeffer, idealerweise Pfeffermischung Schwarzes Gold
15 g Mandeln, gerieben
40 g Äpfel (Gala), fein gewürfelt

2 Eier, verquirlt
200 g Schüttelbrot, fein zerstoßen

Für die Fülle den Lauch in der Butter weich dünsten, bis alle Flüssigkeit verdunstet ist. Vom Herd nehmen, den Graukäse einrühren und mit Salz und der Pfeffermischung würzen. Mandeln und Äpfel unterheben. Ebenfalls 12 Stunden im Kühlschrank kalt stellen.

Ca. 8 mal 8 Zentimeter große Quarkteigstücke ausschneiden, etwa 20 Gramm der kalten Füllung daraufsetzen und mit dem Teig gut umhüllen.

Krapfen zuerst im verquirlten Ei und dann im zerstoßenen Schüttelbrot wälzen und in eine ofenfeste Form geben. Bei 180 °C ca. 15 Minuten im Backofen backen.

Meine liebste Diät (und warum sie todsicher wirkt) NICHT

Wahrscheinlich gibt es keine Diät, mit der ich nicht irgendwann geflirtet habe. Das hat einen einfachen Grund: Mir schmeckt das Essen zu gut. Wenn ich dann eine Zeitlang zu viel gearbeitet und zu wenig Sport getrieben habe, geht plötzlich mein Hemd nicht mehr zu. Ich mache natürlich trotzdem einen Knopf nach dem anderen zu, aber wenn ich dann vor dem Spiegel stehe, schaue ich aus wie eine Karikatur. Die Karikatur von einem Typen, der es nicht wahrhaben will, dass ihm sein Scheißhemd zu eng ist.

Vergesst die Waage. Keiner von uns steigt freiwillig auf die Waage, vor allem wenn er ahnt, dass er zu viel wiegt. Aber das Scheißhemd ist unbestechlich. Wenn ich also wieder hineinpassen will, muss ich irgendwo ein paar Kilo liegen lassen.

Ich lese, dass man nach 16 Uhr keine Kohlenhydrate mehr essen soll. Danke für den Tipp. Wann esst denn ihr zu Abend?

Dann sagt mir die Hausärztin: „Kein Weißmehl. Das verklebt das Hirn." Und wo soll ich mir die Butter draufstreichen und den Pata-Negra-Schinken drauflegen?

Der Doktor testet mich auf Allergien und warnt mich vor Weich- und Schimmelkäse, Erdnüssen und Eiern. Eier esse ich zum Frühstück lieber vier als drei. Erdnüsse esse ich sowieso täglich, im Schmortopf, im Salat, von mir aus sogar im Milchshake. Ich habe dann eine Zeitlang auf Käse, Eier und Erdnüsse verzichtet – und was war die Folge? Ich war zutiefst unglücklich. Kann eine Diät sinnvoll sein, die mich unglücklich macht? Natürlich nicht. Also esse ich jetzt wieder alles und freue mich darüber.

Nur in das Scheißhemd passe ich nicht hinein.

Am meisten eingeleuchtet hat mir diese Intervalldiät, ihr wisst schon: acht Stunden essen, sechzehn Stunden nicht essen. Das geht bei mir so: Ich verzichte auf das Frühstück, denn das ist die kleinste Mahlzeit des Tages. Zu Mittag habe ich dann solchen Hunger, dass ich mindestens zwei Portionen vom Mittagessen verdrücke, und am Abend esse ich ein bisschen mehr als sonst, weil ich weiß, dass es jetzt wieder sechzehn Stunden nichts gibt. Dann liege ich satt im Bett und stelle mir vor, wie der nagende Hunger die Fettreserven aus meinem Körper saugt.

Ich mag die Intervalldiät. Nur nehme ich nicht ab damit.

Aber irgendwann schlägt die Stunde der Wahrheit, spätestens dann, wenn ich merke, dass meine Titten größer sind als die meiner Frau. Das finde ich auch nicht schön. Dann stehe ich im Badezimmer und schaue hasserfüllt die Waage an, obwohl ich eh nicht draufsteige, weil mich die Zahl, die sie anzeigt, zu sehr frustriert.

Das letzte Mal habe ich mich gewogen, als ich meine liebste Diät gemacht habe, nämlich essen, was ich will, dafür aber sechs Stunden Sport pro Tag. Dann habe ich zwei Wochen trainiert wie ein Blöder und bin voller Erwartung, dass sie mich belohnt, auf die doofe Waage gestiegen. Was passierte? Ich hatte einen

Kilo mehr als vorher. Logisch, ich hatte Muskeln aufgebaut, und Muskeln sind schwerer als das Fett, das ich verloren hatte. Aber kann das die Waage nicht wissen? Kann sie nicht sagen: „Super, Roland, das hast du gut gemacht, du bist jetzt zwar schwerer als vorher, aber eigentlich viel leichter und schöner." Kann sie das, die Waage? Nein, kann sie nicht. Sie steckt mit dem Scheißhemd unter einer Decke, das noch immer nicht zugeht.

Eine Diät, bei der ich Kalorien zählen muss und jeden Tag auf die Waage steige, kommt also von vornherein nicht in Frage. Dazu vertraue ich meinem Körpergefühl zu sehr. Lieber melde ich mich im Fitnessstudio an. Das Anmelden im Fitnessstudio ist etwas vom Schönsten, was es gibt. Nie bin ich mehr motiviert, meinen Körper zu shapen und zu stählen als in dem Moment, wenn ich am Tresen eines Studios stehe und bei einer bezaubernden Trainerin den Jahresbeitrag in bar einzahle. Das fühlt sich so gut an wie das Bestellen von drei Rote-Bete-Knödeln im „Patscheider Hof" – wobei, nein, das ist der falsche Vergleich. Auf dem Heimweg vom Studio kaufe ich mir dann meistens noch einen neuen Trainingsanzug, und wenn das Studio dann irgendwann den Einzahlungsschein für die Erneuerung der Jahresmitgliedschaft schickt, sagt meine Frau: „Du, Schatzi, weißt du übrigens, dass du im letzten Jahr genau zweimal im Fitnessstudio warst ...?"

Stimmt, und ich weiß auch, warum ich nicht öfter dort war. Beim ersten Besuch haben sie den Fettanteil meines Körpers gemessen, und zwei Monate später wollten sie überprüfen, ob das Fett weniger geworden ist.

Das ist nichts für mich. Ich hasse diese Zahlen. Eigentlich will ich nur meiner Frau gefallen, mir selbst gefallen, und meinem Sohn fünfzig Meter weit nachlaufen können, ohne dass ich Seitenstechen bekomme. Erst wenn eines von diesen drei Dingen nicht mehr klappt, gestehe ich mir zähneknirschend ein, dass es wieder einmal Zeit für eine Diät ist. Manchmal kaufe ich mir allerdings auch nur heimlich ein neues Hemd.

Eine Diät ist eben etwas Schwieriges für einen Menschen, dem nichts wichtiger ist als ein gutes Essen. Ich habe mich aber in den letzten Jahren dreimal überwunden und bin in eine Kuranstalt eingerückt, wo man mich nur mit Säften und Tee ernährt hat. Das ist zwar eindeutig eine Form der Zwangsernährung – Saft in der Früh, zu Mittag eine salzlose Suppe –, aber sie hatte interessante Auswirkungen, abgesehen davon, dass sie mich um ein paar Kilo erleichterte: Ich nahm Gerüche und Geschmäcker wieder ganz anders wahr, ich würde sagen: begeisterter. Respektvoller. Das war ein so großartiges Erlebnis, dass ich diese Diät auch einmal zu Hause wiederholen wollte. Das klappte aber nur drei oder vier Tage, weil dann meine Laune so unfassbar im Keller war, dass sich meine Frau von mir scheiden lassen wollte. Dabei war es sie, die sich die Pata Negra und die gekochten Eier hineingeschaufelt hat, während ich eine Wassersuppe ohne Salz löffelte – kann da ich was dafür, dass meine Laune scheiße ist?

Viele Leute müssen aus allen möglichen Gründen Diäten machen. Ich nur aus einem: Mir schmeckt es zu gut. Jetzt kenne ich mich noch dazu beim Essen gut aus und esse kein Junkfood, trinke keine Limonaden und bewege mich mehr als der Durchschnittsbürger. Ich esse keine Schokolade und brauche keine Gummibären, um mich alle paar Minuten zu belohnen. Würde ich das nicht tun, sähe ich wahrscheinlich aus wie Reiner Calmund, der frühere Fußballmanager.

Manche Menschen machen aus dem Abnehmen ein Geschäft. Mein Kollege Frank Rosin zum Beispiel hat sich als Fernsehkoch gut dafür bezahlen lassen, dass er 130 Kilo schwer wurde. Dann hatte er die Idee, eine Abnehmsendung zu machen und sich dafür bezahlen zu lassen, dass er die Kilos wieder loswird. Der Mann ist ein Genie, zumindest als Geschäftsmann.

Und ich sitze vor dem Kalender und überlege mir, wann ich ein paar Wochen unterbringen könnte, in denen ich mich von Säften und salzlosen Suppen ernähre.

Im Winter: ausgeschlossen. Im Winter muss man kräftige Speisen essen, um die Kälte auszuhalten. Im Sommer: sicher nicht. Da fahre ich mit der Familie auf Urlaub und habe auf keinen Fall Lust, nichts Anständiges zu essen. Wenn ich arbeite? Völlig unmöglich, weil wenn ich faste, bin ich natürlich zu schwach, um zu arbeiten.

Mein großes Glück ist, dass ich eitel bin. Wie meine Haare aussehen, ist mir zwar egal, die dürfen stehen oder fallen, wie sie wollen. Auch dass sie grau sind, stört mich nicht, im Gegenteil. Meine Falten liebe ich sogar, und die Haare auf dem Rücken werde ich mir auch nicht weglasern lassen, schon allein, weil ich so ein Weichei bin. Aber ich bin ein Ästhet, und ich liebe schöne Dinge. Ich liebe meine schönen Klamotten, und ich möchte in diese Klamotten auch hineinpassen.

Im Endeffekt zwingt mich also das Scheißhemd dazu, mich darum zu kümmern, dass ich es bequem zuknöpfen kann. Ein bisschen von dieser Diät, ein bisschen von jener. Ein paar Tage in der Kuranstalt, ein paar Tage schlechte Laune daheim. Diese Diät habe ich patentieren lassen. Sie heißt: Trettls Hemddiät und gehört ganz allein mir.

Pflegt euren Wortschatz: Warum ein Lebensmittel kein Produkt ist

Ich bin immer irgendwie schockiert, wenn ich großen Köchen dabei zuhöre, wie sie ihre „Produkte" loben. Das Produkt ist das Wichtigste, ohne Produkt sind wir gar nichts, das Produkt ist der beste Koch.

Habe ich selbst jahrelang nachgeplappert. Aber dann hat mir Markus Gimpl, ein guter Freund, einmal gesagt: „Weißt du was, Roland? Ich verstehe überhaupt nicht, warum ihr Köche dauernd über ‚Produkte' sprecht. Diese ‚Produkte' sind doch Lebensmittel!"

Ich wusste sofort, dass Markus recht hat. Allein die Tatsache, dass in diesem Wort der Begriff „Leben" vorkommt, erzeugt eine ganz andere Wertschätzung. „Produkt" ist ein neutrales Wort. Alles kann ein Produkt sein. Das Benzin, das du in dein Auto tankst. Die Schnürsenkel, mit denen du deine Schuhe zubindest. Die Leine, an der du deinen Hund hinter dir herziehst. Was für ein Unterschied zu dem Lebensmittel, das der Bauer gesetzt, gepflegt und geerntet hat. Für das ein Tier vielleicht sein Leben gelassen hat. Jeder Mensch, der nicht völlig vernagelt ist, kapiert sofort, dass dieses Wort uns zwingt, es mit mehr Respekt auszusprechen. Dass der respektvolle Umgang mit der Sprache umgekehrt dazu führt, dass wir auch das Lebensmittel selbst mit mehr Respekt behandeln.

Ich erinnere mich gerne an eine Fernsehredakteurin, die auf einem Event ein kurzes Interview mit mir machen wollte und sagte: „Herr Trettl, ich möchte Ihnen gerne sagen, dass ich einen Riesenrespekt vor Ihnen habe. Denn Sie sind der einzige Koch, den ich kenne, der Lebensmittel nie als Produkt bezeichnet!" Das fand sie ganz großartig. Das hat mich natürlich gefreut – und bestätigt.

Mir gibt es mittlerweile einen Stich, wenn ich das Wort „Produkt" aus dem Mund eines Kochs höre. Und ich bitte alle Köche, die das lesen, es genauso zu halten. Lernt mit mir die Lektion, die mir mein Freund Markus beigebracht hat.

Ihr könnt ja schon mal üben. Lest laut vor:

EIN PRODUKT IST
KEIN LEBENSMITTEL.
EIN LEBENSMITTEL IST
KEIN PRODUKT.

NA ALSO.
GEHT DOCH.

Warum ich besser koche, wenn ich nicht kochen muss

Ich habe mich dafür entschieden, Koch zu werden, als ich vierzehn war. Es war keine ganz freiwillige Entscheidung, denn ich hatte die Schule hinter mir und musste irgendetwas machen. Weiter in die Schule gehen: auf keinen Fall. Zuerst überlegte ich noch, ob ich nicht Berufscasanova werden könnte. Ich war nicht untalentiert, aber für eine Karriere hätte es nicht gereicht.

Nach harten Lehrjahren in Oberbozen zog ich nach München und ging durch das Stahlbad der Witzigmann-Jahre. Wer da nicht kochen lernt, dem kann niemand helfen. Ich habe dreißig Jahre täglich gekocht. Wie sollte ich das je verlernen? Gibt es etwa einen ehemaligen Tour-de-France-Sieger, der plötzlich Stützräder an das Hinterrad seines Rennrads schrauben muss?

Aber eines möchte ich schon sagen: Ich koche heute besser als je zuvor. Ich koche besser, weil ich viel lockerer koche. Heute muss ich nicht mehr an die Erwartungen des Gastes denken, sondern nur daran, wie ich das Gericht noch besser mache. Die meisten Gäste, für die ich koche, kenne ich schließlich persönlich. Sie können sich gern bei mir beschweren, wenn ihnen was nicht schmeckt. Aber vorgekommen ist das noch nicht. Nur mein Sohn ... Aber das ist eine andere Geschichte.

Selbst bei Events – früher eher Pflichtübungen – koche ich inzwischen gern. Und wenn ich sage: Ich koche, dann koche ich auch. Jeder weiß, dass manche meiner Kollegen Events nicht besonders ernst nehmen. Die schicken ein Rezept und lassen die Küchencrew mehr oder weniger machen, was sie will. Eine halbe Stunde vor der Veranstaltung tauchen sie dann auf, stecken die Nase in die Küche, fragen: „Alles klar?", dann gehen sie hinaus zu den Gästen, schütteln Hände, machen Selfies mit Fans, und zwei Stunden später sind sie schon wieder auf dem Nachhauseweg oder im Hotel.

Ehrlich, da habe ich null Respekt. Wenn sie sich ihre Gerichte nicht selbst ausdenken und umsetzen, dann sollen sie auch keine Rechnung dafür schreiben. Das ist schon eine Frage der Hochachtung dem Gast gegenüber. Wenn ein Veranstalter Roland Trettl bucht, dann muss er sicher sein können, dass dieser Roland Trettl in der Küche steht und nicht bloß aus sicherer Entfernung winke, winke macht. Winke, winke machen ist genauso wie Playback singen. Keine Disziplin für Profis.

Ich koche, weil ich ohne Kochen nicht leben könnte. Ich liebe das Essen, deshalb liebe ich auch das Kochen. So wie einem Dichter vielleicht ein Reim einfällt oder einem Musiker ein paar Töne einer Melodie, kommt mir in den Kopf, dass ein Hauch von Sobrasada, dieser mallorquinischen Paprikawurst, sehr gut mit einer Aubergine und ein paar Saubohnen harmonieren könnte, und wenn ich diese Idee überprüfen möchte, probiere ich sie doch einfach aus. Schmeckt köstlich, daraus wird bei einem meiner nächsten Events ganz sicher ein Gericht. Die Einzelheiten weiß ich noch nicht, aber die kommen schon beizeiten.

Vielleicht mache ich einen kross gebratenen Schweineschwanz dazu. Oder einen gegrillten Oktopus, damit das Gericht gescheite Röstaromen bekommt. Und dazu noch eine Pimentón-de-la-Vera-Kapern-Zabaione.

Das ist es dann.

Es ist ein Spiel.

Du holst dir einfach aus den ganzen Erfahrungen, die du in deinem Leben gesammelt hast, etwas heraus und machst ein geiles Gericht daraus. Gibst etwas Zabaione dazu, damit etwas Cremiges auf dem Teller ist. Dazu eine Säure, zum Beispiel Kapern. Das Mediterrane: die Sobrasada. Honig, Aubergine, Kapern – passt perfekt. So koche ich zu Hause. Und so überlege ich mir meine neuen Gerichte.

In meinem Haus bin ich umgeben von Ideen. In meiner Bibliothek stehen hunderte, wenn nicht tausende Kochbücher. Ich beginne zu blättern, und schon kommt mir eine Idee, eine Farbe, ein Geschmack in den Sinn, mit dem ich zu arbeiten anfange. Manchmal gehe ich in ein Restaurant, studiere die Speisekarte – und zack, fällt mir etwas ein, ganz anders, aber doch inspiriert durch die Idee eines Kollegen.

Wenn du schon auf der ganzen Welt gegessen hast, kannst du Gerichte im Kopf entstehen lassen. Wenn du dir Geschmäcker vorstellen kannst, ohne dass du Dinge am Herd ausprobierst, dann kannst du Gerichte einfach direkt aus dem Kopf aufs Papier und dann auf den Tisch bringen. Und du kannst dir sicher sein, dass das Gericht immer gut wird. Das kann gar nicht schiefgehen. Keines von den Gerichten, die ich in den letzten Jahren nur im Kopf kreiert habe, ist schiefgegangen.

Ähem. Eines fällt mir ein. Da habe ich für einen Event einen ganzen Schweinebauch besorgt, und weil ich etwas Besonderes machen wollte, habe ich ein tiefes Loch ausgegraben, darin Feuer gemacht und den marinierten Schweinebauch mit der Glut eingegraben. Am nächsten Tag, als die Gäste da waren, grub ich das Fleisch – tatää – wieder aus, und unter dem Applaus des Publikums stellte ich fest, dass es noch völlig roh war. Großes

Gelächter. Ich grillte den Schweinebauch dann einfach knusprig. Aber das Experiment mit dem Eingraben wiederhole ich nicht mehr, jedenfalls nicht vor Publikum.

Kochen ist ja eigentlich einfach. Aber gut zu kochen ist sehr komplex. Du brauchst schon einiges an Basiswissen und Übung. Und du musst bereit sein, zu spielen. Dinge auszuprobieren. Auch einmal zu scheitern, weil sich die Realität nicht an deine Vorstellungen hält. Aber dann musst du in Wahrheit oft nur einen oder zwei Handgriffe verändern, und plötzlich ist das Gericht richtig gut.

Wenn dich diese Art der Auseinandersetzung reizt: dann tu's einfach. Du isst täglich, also probiere es immer wieder von neuem. Je mehr du probierst, desto mehr wirst du über die unbeschränkten Möglichkeiten erfahren, die uns das Kochen bietet.

Spiel mit Gewürzen.

Spiel mit Säure.

Spiel mit Hitze, mit Temperatur.

Such Teile des Tieres aus, mit denen du noch nie in deinem Leben gekocht hast.

Versuch, das Fleisch zu braten, versuch, es zu schmoren.

Und vor allem eines: Merk dir, was du gemacht hast, damit du nicht am nächsten Tag wieder von vorne anfangen musst. Mein großer Chef Eckart Witzigmann rezeptiert noch heute jedes Gericht, das er zu Hause kocht, wiegt jedes Lebensmittel, jedes Gewürz genau ab – nur damit ihm ein großartiger Einfall nicht durch die Lappen geht, weil er sich tags darauf nicht mehr daran erinnern kann, wie er ihn auf den Teller gebracht hat.

Geh Risiken ein. Ist doch egal, schmeiß zwei Löffel Nutella zu den tiefgefrorenen Fischstäbchen und mach Speckcroûtons drüber und eine Glühwein-Zabaione dazu. Wahrscheinlich wird das keines von den Gerichten sein, für die du berühmt wirst – aber dann weißt du wenigstens mit Sicherheit, dass das so ist.

Denn auch das beste Rezept ist nur eine Idee. Wenn ich aufschreibe: Nimm vier Garnelen, dann könnten wir einen Abend lang über diese vier Garnelen diskutieren. Von wo kommen sie, wie groß sind sie, wie frisch sind sie, leben sie noch, sind sie geputzt, tiefgefroren, weiß der Henker – auch bei der allereinfachsten Rezeptur gibt es unendlich viele Möglichkeiten, sie kann nie eindeutig sein.

Nimm 400 Gramm Risottoreis. Welchen Reis? Wie frisch, wie alt? Nimm eine Zwiebel – aber was für eine Zwiebel? Weißt du überhaupt, wie viele Zwiebelsorten es gibt? Weißt du, wie sehr jede dieser Zwiebelsorten dein Gericht verändern kann? Lege sie in den Topf. Welchen Topf? Durchmesser? Tiefe? Material?

Jedes Rezept ist eine Idee. Wirklich genau Bescheid wissen wirst du erst, wenn es deine Idee ist.

DIE WELT BESTE BOLOGNESE

Jeder Bolognese-Koch bildet sich ein, dass seine Bolognese die allerbeste ist. Deshalb gibt es hier eine eigene Variante – und die ist wirklich die beste. Ich pimpe meine Bolognese mit ganz besonderen Lebensmitteln, gebe eine Sobrasada und Pancetta dazu. Puristen werden den Kopf schütteln, aber das ist mir egal: Das hier ist eine Trettl-Bolognese und ihr dürft dazugeben oder wegnehmen, was euch so einfällt.

Bolognese:

1 kg Hackfleisch (halb Rind, halb Schwein)
280 g rote Zwiebeln, in kleine Würfel geschnitten
70 g Lauch, in kleine Würfel geschnitten
100 g Stangensellerie, in kleine Würfel geschnitten
100 g Karotten, in kleine Würfel geschnitten
160 g Bauchspeck, in kleine Würfel geschnitten
2 Zehen Knoblauch, gehackt
60 g Olivenöl
1 TL Pfeffer (eine elegante schwarze Pfeffermischung oder unsere Pfeffermischung Schwarzes Gold)
½ TL Piment d'Espelette
½ TL Majoran
1 TL Pimentón de la Vera
100 g Sojasauce
150 g Sobrasada
200 g Rotwein
2 Lorbeerblätter
200 g beste Kirschtomaten, klein geschnitten
500 g Wasser
Salz

Zum Anrichten:

Parmesan, frisch gerieben
Butter (nach Belieben)

Für die Bolognese Hackfleisch in einer Pfanne kräftig in 30 Gramm Olivenöl anbraten.

Gemüse und Bauchspeck in einem großen Topf in 30 Gramm Olivenöl anbraten. Das angebratene Hackfleisch einrühren, Gewürze, Sojasauce und Sobrasada hinzufügen und kurz weiterbraten. Mit Rotwein ablöschen. Lorbeerblätter, Kirschtomaten und Wasser hinzufügen und mit Salz abschmecken.

Vier Stunden köcheln lassen und am besten erst am nächsten Tag essen. Nudeln kochen (wie das geht, müssen wir jetzt nicht erwähnen …).

Zum Anrichten Parmesan darüber reiben. Ich lege immer noch ein Stück Butter drauf.

Ein Scheißthema. Aber wir sprechen trotzdem darüber

Ich saß auf dem … – nein, das erspare ich euch, jedenfalls dachte ich über mein Buch nach. Ich dachte mir, ich möchte ein Buch über eine der großen Fragen der Menschheit machen, nämlich darüber, ob wir zuerst gegessen oder zuerst gekackt haben.

Essen und Kacken sind schließlich zwei universelle Dinge. Sie verbinden uns alle mit allen anderen, viel mehr noch als das Internet. Dreh dem Internet den Strom ab, und die Bildschirme sind schwarz. Gegessen und gekackt wird weiter, und zwar ohne Blackout und ohne Pause.

Es ist etwas Schönes, das wir alle gemeinsam haben. Egal ob wir dick oder dünn, jung oder alt, schön oder hässlich, weiß, gelb, rot oder schwarz sind – wir kacken. Auch die schönste Frau der Welt, die wir mit verträumten Augen anhimmeln, wird menschlich, wenn wir uns vorstellen, wie sie kackt.

Es hat bei mir etwas gebraucht, bis ich eine tiefe, fast philosophische Einsicht hatte. Nachdem ich aufgehört hatte, im „Hangar-7" zu arbeiten, habe ich ja eine Reihe von Handwerksberufen ausprobiert, war bei einem Bildhauer, einem Schneider, einem Tischler und habe dort Werkstücke hergestellt.

Jedes der Dinge, die ich als spätberufener Praktikant hergestellt habe, gibt es noch. Die Skulptur, bei der mir Aron Demetz geholfen hat, steht in meiner Bibliothek. Die Jacke, die ich bei Markus Meindl zugeschnitten habe, trage ich gerade. In dem Regal, das ich im Holzwerk Wals getischlert habe, hebe ich meine Bücher auf.

Irgendwann ging mir dann die Frage durch den Kopf, wo denn eigentlich meine Lebensleistung als Koch zu besichtigen ist. Antwort: im Klo. Egal wie aufwendig gekocht, egal wie intelligent kombiniert, egal wie gut eingekauft und verarbeitet, egal ob Fisch, Fleisch, Gemüse, wie sensibel gedämpft, wie perfekt gebraten, wie fantasievoll präsentiert, wie überragend moderiert, wie sehr geschätzt, beklatscht, mit Preisen und Auszeichnungen bedacht – spätestens zwei Tage später ist alles weggekackt.

Das stürzte mich fast in eine Depression. Selbst wenn ich 30 Komponenten auf dem Teller hatte und wusste, bei diesem Anblick werden die besten Köche der Welt neidisch – es endet als Scheiße in der Toilette. Die Konsistenz ist immer ähnlich, die Farbe bewegt sich innerhalb eines engen Spektrums, wenn man sich nicht ausschließlich von Roter Bete oder Spinat ernährt, der Geruch ist typisch und unangenehm.

Die Erkenntnis flutete mich mit Stresshormonen. Wir Köche, egal ob wir Nummer 1 auf der Liste der 50 Best Restaurants oder Köche des Jahres, des Jahrzehnts, des Jahrhunderts sind – letzten Endes produzieren wir Scheiße.

Daraus sollten wir Köche etwas lernen. Wir sollten lernen, uns nicht so wichtig zu nehmen. Jeder Koch sollte, wenn er zum Gast geht und ihm erklärt, was für ein Kunstwerk er in den nächsten Minuten dessen Verdauungsapparat zuführt, daran denken, wo der Gast übermorgen in der Früh sitzen wird.

Das Einzige, was also von unserer Kunst wirklich bleibt, ist die Erinnerung. Und selbst dabei sind wir auf die Mitarbeit des Gastes angewiesen. Damit Bilder in seinem Kopf entstehen, an die er sich sein Leben lang erinnert (oder wenigstens bis morgen früh, wenn er darüber nachdenkt, wofür er gestern eigentlich die 500 Euro ausgegeben hat), brauchen wir seine Aufmerksamkeit. Wenn ein Mann aber gerade seinen umwerfend attraktiven neuen Schwarm ausführt, dann brauchen wir gar nicht erst anzufangen mit den Erinnerungen, denn er wird sich an etwas anderes erinnern. Oder wenn zwei Typen dasitzen und miteinander Geschäfte machen. Für die schaffen wir keine Erinnerungen, denen stellen wir eine Kulisse gehobener Kultiviertheit zur Verfügung, die anderen Zwecken dient. Der Verführung. Dem Geschäftsabschluss. Ein Mensch, der Probleme hat, denkt beim Essen an seine Probleme. Ein Typ, der morgen früh auf eine Bühne muss, um einen Vortrag zu halten, denkt daran, was er sagen und wie er ankommen wird.

Mein geiles Gericht – eine Momentaufnahme. Die Scheiße von morgen. Dieses Problem haben Handwerker nicht, und darum beneide ich sie.

Ich sprach über das Thema mit zwei Kollegen, dem Ali Güngörmüş und dem Nelson Müller. Nelson ist ein sehr lässiger Typ. Er hat nicht nur das Kochen im Kopf, sondern auch eine Affinität zur Musik, aber er ist noch jung und macht eine Art der Küche, die ich nicht verstehe. Für mich zu kompliziert, zu verspielt, zu viel von allem. Aber er wird, sobald er das Chichi hinter sich gelassen hat, ein besonders Guter sein.

Mit Ali und Nelson sprach ich also über das Thema Essen und Kacken, ungefähr so, wie ich es gerade vorgetragen habe.

Ali wusste, was ich meine. Aber Nelson schüttelte den Kopf.

„Da bin ich gar nicht bei dir, Roland."

„Wieso nicht?"

„Wir produzieren ja nicht nur die Scheiße von morgen, sondern auch Energie."

Musste ich zustimmen.

„Aber glaubst du", fragte ich zurück, „dass du irgendwem mehr Energie gibst, indem du 20 Komponenten auf den Teller legst und Perlchen und Schäumchen machst? Glaubst du, dass die Energie eine andere ist? Glaubst du, dass der Körper diese Energie fühlt?"

Nelson dachte nach, und ich gab selbst die Antwort.

„Kompletter Blödsinn. Die Schäumchenenergie ist dem Körper scheißegal."

Mich beschäftigt das Thema, weil es in so viele Lebenssituationen hineinspielt – und trotzdem redet niemand drüber. Nur ein Beispiel. Du hast ein Date, bist erfolgreich und kommst mit deiner Eroberung nach Hause. Gleichzeitig spürst du, dass du kacken musst. Was tust du? Sagst du: „Sorry, ich muss kacken", und verschwindest am Klo, wo du endlich auch die Eishockey-Ergebnisse am Handy checken kannst? Natürlich nicht, auch wenn ihr beide wisst, dass die ganze Welt kackt, dass zu diesem Zeitpunkt rund um den Globus wahrscheinlich ein paar hundert Millionen Menschen tun, was du auch gern tun möchtest. Aber sagen darfst du es nicht. Du musst herumeiern und „Händewaschen" oder „Boxenstopp" sagen (falls du eine Vorliebe für idiotische Umschreibungen hast).

Und dann sitzt du am Klo, aber du weißt, dass die Tür ganz dünn ist und jedes Geräusch nach draußen dringt. Sicher, du weißt, dass es auch bei ihr „Klatsch!" macht, wenn die Wurst ins Klo fällt, aber trotzdem darf dir das genau jetzt nicht passieren: dass es „Klatsch!" macht, du bist ja nur Hände waschen. Vielleicht hast du vorgesorgt und erst einmal ein paar Blätter Klopapier untergelegt, damit es eben genau nicht „Klatsch!" macht, aber nachdem dir das gelungen ist, merkst du, verdammt, ich muss pupsen, und weil natürlich auch das geheim bleiben muss, ziehst du deine Arschbacken so auseinander, dass es nicht brummt, sondern nur pfeift, leise und zart wie ein romantisches Frühlingslüftlein.

Ich habe zu dem Thema eine saulustige Werbung gesehen. Situation wie gehabt, das Paar ist schon im Schlafzimmer, superhübsche Frau, attraktiver Mann, knisternde Erotik, dann sagt sie mit atemberaubendem Augenaufschlag: „Warte ganz kurz. Ich komm gleich wieder", und verschwindet ins Badezimmer nebenan. Großaufnahme auf das Gesicht des Typen, der sich schon im fünften von sieben Himmeln fühlt, dann ein donnerndes Geräusch: Die Schöne hat einen krachenden Furz gelassen. Das Gesicht von dem Typen hättet ihr sehen sollen. So was von lustig. Aber mit der Erotik war es vorbei.

Ich nehme mal an, dass damit irgendwas gegen Blähungen beworben wurde.

Andere Geschichte: Ich bin bei Freunden zu Besuch und muss aufs Klo. Das Klo ist sauber, bis auf einen enormen Kackstreifen, der beweist, dass der, der die Toilette vor mir benützt hat, es dringend nötig hatte.

Ich bin jetzt in der Zwickmühle. Muss ich den Kackstreifen wegputzen, damit nachher niemand denkt, dass ich ihn hinterlassen habe und nicht in der Lage bin, ihn wegzuputzen?

Nein, denke ich mir, das tue ich nicht. Da ich kein Sitzpinkler, sondern ein Stehpinkler bin, versuche ich sogar noch, den Streifen wegzupinkeln, aber er geht nicht weg. Ich bin also raus aus dem Klo, zeige vorwurfsvoll auf die Muschel und sage: „Da ist ein Kackstreifen bei euch in der Toilette. Ich habe ihn nicht weggemacht. Aber er ist auch nicht von mir, er war schon da!"

Der Sündenbock wird gefunden und muss büßen. Mit der Klobürste in der Hand. Zum Glück bin es nicht ich.

Jetzt hat sich diese Geschichte bei Freunden zugetragen, mit denen ich einigermaßen problemlos über Kackstreifen reden kann. Aber was ist, wenn ich zum Beispiel ganz offiziell zu einem Abendessen bei, sagen wir, dem Bundespräsidenten eingeladen bin? Ich gehe aufs Klo und sehe den Kackstreifen? Gehe ich dann zurück an den Esstisch und sage in die Runde: „Entschuldigen Sie, in Ihrer Toilette ist ein Kackstreifen. Haben Sie vielleicht noch ein anderes Klo, ein sauberes?" Oder nehme ich dann doch die Klobürste und schaffe mir das Problem mit stiller Handarbeit vom Leib?

Und was, wenn zwar ein Kackstreifen, aber keine Klobürste da ist? Gehe ich dann zum Bundespräsidenten und sage: „Er sieht nicht anders aus wie mein Kackstreifen, aber es ist nicht mein Kackstreifen. Wie können wir das Problem jetzt lösen? Wir können ihn auch lassen. Ich möchte nur nicht, dass Sie glauben, dass es mein Kackstreifen ist!"

Auch deshalb dachte ich mir, dass es klug wäre, ein Buch über dieses Thema zu schreiben. Sobald im Buch ausführlich über Kackstreifen gesprochen wird, können wir alle offener damit umgehen. Ihr könnt dann zum Beispiel dieses Buch auf Besuch mitbringen und beim Kackkapitel unauffällig ein Stück Klopapier einlegen. Solche subtilen Anspielungen werden immer verstanden.

Meine Bücher über die Arbeit im „Hangar-7" sind immer in der Collection Rolf Heyne erschienen. Die Verlegerin war eine echte Dame, piekfein, beste Manieren, höchste Ansprüche. Schon damals wollte ich den Zusammenhang von Essen und Kacken in einem Buch darstellen, weil mir die Tabuisierung des Scheißens schon damals auf die Eier ging – so wie dem großen Filmregisseur Luis Buñuel, bei dem in einer Filmszene die Gäste einer feinen Abendgesellschaft auf Klomuscheln zusammensitzen und reden, und nur hie und da steht einer auf und verschwindet in ein winziges Kämmerchen, wo er sich ganz schnell und verschämt etwas in den Mund stopft. Verkehrte Welt. Genial.

Meine Idee war, ganz offen zu zeigen, was von einer Mahlzeit übrigbleibt. Ich wollte zuerst tolle, aufwendige Gerichte in einer Klomuschel anrichten. Die Klomuschel sollte zur Bühne für gehobene Kulinarik werden. Umgekehrt hätte ich dann die Kackwürste auf feinem Porzellangeschirr gezeigt.

Diese Idee präsentierte ich dieser Grande Dame, der es wahrscheinlich sogar peinlich war, wenn sie selbst aufs Klo ging. Ich holte auch gar nicht so weit aus, wie ich das in diesem Kapitel gemacht habe, sondern ich ging ohne Umschweife ins Gespräch und sagte: „Frau Heyne, ich habe eine Idee. Machen wir ein Kack-Buch! Wir richten das Essen in der Toilette an und die Kacke auf dem Teller!"

Das Gesicht, das diese schöne, elegante Frau in diesem Augenblick machte, werde ich mein Leben lang nicht vergessen. Sie war, sagen wir es so, nicht begeistert. Aber ich bin drangeblieben und habe versucht, ihr die Notwendigkeit eines solchen Buchs zu erklären, und am Ende standen wir kurz davor, einen Vertrag abzuschließen. Aber es ist dann doch nicht so weit gekommen. Das Thema aber schwirrt seit 15 Jahren in meinem Kopf herum, und jedes Mal, wenn ich kacke, denke ich daran – außer ich checke gerade die Eishockey-Ergebnisse.

Ohne das „Steirereck" wäre ich vielleicht nie Koch geworden

Dass ich fürs Kochen Feuer fing, hat viel mit dem „Steirereck" in Wien zu tun. Das erste Mal war ich da, als ich siebzehn war, als Kochlehrling im dritten Lehrjahr. Mein Freund Robert und ich hatten gehört, dass es im Steirereck ganz besonders sein soll. Wir reservierten telefonisch einen Tisch, dann setzten wir uns in Bozen in den Zug, fuhren acht Stunden lang nach Wien und irrten so lange durch die Stadt, bis uns irgendwer in der Rasumofskygasse im dritten Bezirk abgab, wo damals das „Steirereck" war.

Bevor wir uns ins Restaurant trauten, machten wir uns noch in irgendeinem Hauseingang schick. Ich hatte meine besten Sachen mitgenommen, sogar meine Haare bekam ich unter Kontrolle. Dann marschierten zwei 17-Jährige aus Südtirol im besten Restaurant Wiens auf, und unsere Gastgeber müssen sich ihren Teil gedacht haben. Aber unsere Reservierung war wasserdicht.

Ich weiß noch, wie gespannt ich war, als ich „Hallo" sagte und meinen Namen nannte. Wir waren ja nicht irgendwo, sondern an der Wirkungsstätte der Reitbauers und des berühmten Helmut Österreicher, dessen Ruhm bis nach Südtirol vorgedrungen war. Dann passierten Dinge, die mich tief berührt haben – und ganz sicher dazu beitrugen, dass ich mich so in die Kulinarik verliebt habe.

An erster Stelle stand, dass wir zwei 17-jährigen Buben absolut ernst genommen und als vollwertige Gäste behandelt wurden. Ich hatte mir vorher gedacht, die werden uns auslachen. Wir waren ja Punks, wenn auch Punks in Anzügen. Leider gibt es keine Bilder von damals, ich bin aber sicher, dass wir ganz furchtbar ausgesehen haben.

Ich hatte zum Beispiel eine Krawatte um. Aber keine Krawatte, wie man sie im „Steirereck" vorher jemals gesehen hatte (und ich kann nur hoffen, auch nachher nicht mehr). Sie war bunt und hatte ein Muster, wie es normalerweise Autolackierer entwerfen, wenn sie kreativ sein wollen. Mein Blazer war auch nicht unbedingt dezent, sondern so knallblau, dass einem die Augen zu flimmern begannen.

Ich weiß noch, wie freundlich und höflich der Herr Reitbauer zu uns Rotzbuben war. Und ich kann mich an eine überirdische Eierlikör-Mousse erinnern – und an den Käsewagen, der so groß war wie der Postautobus in Oberbozen. Der hat sich unauslöschlich in meine Erinnerung eingegraben und mir das Gefühl vermittelt: Hey, was du machst, ist cool. In einer Branche, die solche Käsewagen belädt, bist du am richtigen Platz.

Ich war ja zu dieser Zeit eher ein lustloser Lehrling. Aber der Besuch im „Steirereck" änderte alles. Die Stimmung. Die Höflichkeit. Die Perfektion. Die Freundlichkeit. Vielleicht liebe ich dieses Restaurant noch heute so sehr, weil ich weiß, dass ich ohne das „Steirereck" ein anderer Mensch geworden wäre.

Sechs Ideen, die das Leben in der Spitzenküche besser machen

Manchmal, wenn ich in der Früh aufwache, schießt mir durch den Kopf: Jetzt muss ich aufstehen und in den „Hangar-7" fahren, weil gleich mein Dienst beginnt. Aber dann entspanne ich mich und denke, nein, das ist zum Glück vorbei.

Aber weil ich gerade ein bisschen Zeit zum Nachdenken habe, stelle ich mir vor, wie gut ich den Job, den ich immerhin elf Jahre gemacht habe, heute machen würde – mit allem, was ich zusätzlich gelernt, erlebt, erfahren habe. Ich glaube nämlich, dass ich den Job, auch wenn ich ihn jetzt schon vor mehr als fünf Jahren aufgegeben habe, nicht schlechter, sondern besser machen würde als zuvor.

Erstens macht dich ein bisschen Abstand immer besser. Wenn du einen Schritt zurücktrittst, wird dein Horizont automatisch weiter.

Zweitens habe ich heute eine Eigenschaft, die mir viele nicht zutrauen, die aber immer deutlicher hervortritt: die Fähigkeit zur Selbstkritik. Ich weiß heute, wie viele Fehler ich gemacht habe. Aber ich hätte kein Problem mehr damit, sie zuzugeben und auch daraus zu lernen. Viele Dinge, die mir damals selbstverständlich erschienen, würde ich heute ganz anders angehen.

Drittens – und das hängt ganz eng mit zweitens zusammen – habe ich begriffen, dass der menschliche Faktor extrem wichtig ist. Ich bin heute viel ruhiger als früher. Ich würde nicht mehr wegen jedem Scheißdreck ausflippen. Ich würde auch nicht mehr so ehrgeizig nach absoluter Perfektion streben – ein Vorhaben, an dem du eh nur scheitern kannst –, weil ich weiß, dass ich mit ein bisschen mehr Lockerheit besser sein kann.

Viertens würde ich mit meinem Team noch mehr über jedes Detail sprechen. Ich würde mich um all diese Kleinigkeiten kümmern, wahrscheinlich mehr noch als früher – dabei war ich bei meinem Team dafür verschrien, dass ich wirklich alles sehe, jedes Detail. Aber ich habe begriffen, dass für ein gelungenes Erlebnis in einem Restaurant viel mehr passieren muss, als dass bloß die Gerichte perfekt auf dem Teller sitzen. Essen gehen bedeutet, alle Sinne auf Empfang zu schalten, und deswegen müssen auch alle Sinne etwas geboten bekommen – da haben wir Gastronomen sicher noch Nachholbedarf, und das würde ich meinem Team ganz sicher täglich von neuem vermitteln.

Fünftens weiß ich, dass eine gewisse Lockerheit in Sachen Punkt 3 dazu führt, dass sich zwischen Küche und Service mehr Leben entfalten kann. Natürlich darfst du als Chef keine Sekunde lang die Zügel schleifen lassen. Aber wenn du genau die richtige Distanz zu unserem Job vermittelst, wirst du den Menschen mehr Spaß an ihrem Beruf ermöglichen, und diesen Spaß werden die Gäste draußen spüren, mehr noch: Sie werden davon auf positive Weise bewegt werden. Wir sind schließlich dafür da, Spaß zu machen – auch wenn sich die Arbeit in der Küche manchmal so stressig anfühlt, als wären wir ein Einsatzkommando, das Leben retten muss. Müssen wir nicht. Aber wir können unser Leben und das Leben unserer Gäste für einen Augenblick besser machen. Das ist schon ziemlich viel, finde ich. Sechstens würde ich den Köchen aus meiner Küche mehr Kontakt zur Realität zumuten. So wie ich selbst wertvolle Erfahrungen gesammelt habe, als ich bei verschiedenen Handwerkern gearbeitet habe, sollten Köche zum Beispiel praktische Erfahrungen bei einem Metzger sammeln. Ich glaube, das Leben eines Kochs verändert sich in dem Moment, wo er mit seinen eigenen Händen ein Tier tötet. Plötzlich weiß er, was für ein wertvoller Moment so eine Schlachtung ist und dass wir das Leben eines Lebewesens beenden, nur weil wir es essen wollen. Ich meine, dass Köche Respekt vor diesem Umstand haben müssen. Sie sollten auch einmal bei der Kartoffelernte dabei sein und spüren, wie weh einem am Ende des Tages der Rücken tut – ich bin mir sicher, dass sie die selbst geernteten Kartoffeln mit einem ganz anderen Respekt kochen und schälen werden. Auch wenn du dabei bist, wenn ein Herdblock zusammengebaut wird, wirst du ihn in Zukunft ganz anders pflegen. Gerade Köche müssen mehr sehen und erleben, damit sie mehr Respekt vor ihrem Beruf haben, der so viele Facetten in sich trägt.

Schnipp.
Was es heißt,
männlich zu sein

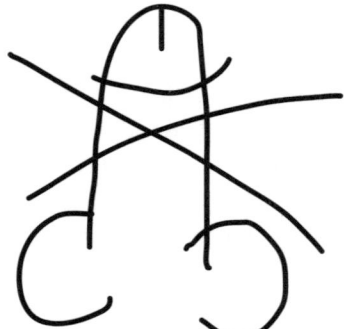

Ich rege mich ja gern auf. Über Tofuwürste, über alkoholfreies Bier, über koffeinfreien Kaffee, über Süßstoff! Wenn schon süß, dann bitte Zucker, was soll denn der ganze Zinnober mit diesem So-Tun-als-ob! Iss eine Wurst – oder iss keine Wurst. Trink ein Bier, aber dann sei gefälligst auch bedüdelt. Trink einen Kaffee und spüre, wie er dich wach und kribblig macht – oder wärm dir einen Kakao. Und wenn du es schon süß möchtest, dann greif in die Zuckerdose und vergreif dich nicht an diesem ekelhaften, nach Plastik schmeckenden Zeug aus der Chemiefabrik.

Allerdings muss ich zugeben, dass ich selbst auch eine Art alkoholfreies Bier bin, eine Tasse koffeinfreier Kaffee. Ich gehe zwar breitbeinig und mit dicken Eiern durch die Welt, aber Kinder werde ich keine mehr zeugen. Ich habe mich einem kleinen Eingriff unterzogen, der meine Samenleiter durchtrennt und mich für alle Zukunft darauf festgelegt hat, Vater meines einen und einzigen Sohns zu sein.

Dass ich mich habe unterbinden lassen, war eine gemeinsame Entscheidung von meiner Frau und mir. Wir sind glücklich mit unserem Sohn, und es ist uns klar, dass ein zweites Kind uns nicht doppelt so glücklich machen würde. Jetzt ist es in unserer Gesellschaft ja üblich, dass die Frage der Verhütung den Frauen hinübergeschoben wird wie der Schwarze Peter. Meine Frau könnte also die Pille nehmen und ihren Hormonhaushalt durcheinanderbringen, oder sie könnte sich eine Spirale einsetzen lassen, was ein unangenehmer und schmerzhafter Eingriff ist. Wir könnten auch nicht mehr miteinander vögeln – aber tot sind wir noch lang genug.

Ich ging also ins Krankenhaus, nachdem mir verlässliche Quellen versichert hatten, dass es wirklich nicht weh tun würde, und ich kann bestätigen: Es tut überhaupt nicht weh. Außer natürlich der seelische Schmerz, wenn du mit einem Haarnetz auf dem Kopf und hinter einem grünen Vorhang, der leider nur bis zu den Hüften reicht, mit drei Krankenschwestern im Zimmer sitzt, ohne Hosen, und die machen an deinen Eiern rum und wollen über Kochshows sprechen. Das gehört zu den würdeloseren Momenten meines Lebens. Zuerst lächeln dich die Frauen über dem Vorhang an, dann verschwinden sie wieder dahinter und widmen sich deinen Eiern.

Ansonsten: keine große Sache. Ich fuhr allein ins Krankenhaus und nach dem Eingriff sofort wieder nach Hause. Der Arzt gab mir eine Warnung mit auf den Weg.

„Herr Trettl", sagte er, „Sie sollten sich jetzt ein paar Tage Pause gönnen. Sexuell gesehen. Sonst könnten Ihre Hoden beleidigt reagieren und Hämatome auftreten."

Danke für den Ratschlag, Doc. Aber ich wollte natürlich ganz dringend wissen, ob eh noch alles so funktioniert, wie ich es gewohnt war, und probierte das im Selbstversuch aus, kaum war ich zu Hause. Das Resultat, wie soll ich sagen: Reife Pflaumen sehen blass dagegen aus.

Ich habe irgendwann in einem Interview über meine Unterbindung gesprochen. An den Reaktionen vieler Männer merkte ich, wie unüblich es noch immer ist, dass der Mann bei der Familienplanung Verantwortung übernimmt. Ich bekam Zuspruch, das schon, aber viele Männer fragten mich hinter vorgehaltener Hand, wieso ich mich da in diese Frauensache einmische ...

Liebe Männer mit intakten Samensträngen, ich möchte euch jetzt noch einen Grund verraten, warum ich mich sterilisieren ließ. Ich will auf keinen Fall einer von denen werden, die mit Anfang sechzig noch einmal einen Kinderwagen durch die Gegend schieben und so tun müssen, als seien sie dreißig, weil nämlich die neuen Frauen auch dreißig sind und sich einen jungen, agilen Erzeuger ihrer Kinder wünschen. Nichts auf der Welt ist peinlicher als der Anblick dieser alten jungen Väter, die so tun müssen, als wollten sie die Welt aus den Angeln heben, dabei wollen sie nichts lieber als aufs Sofa und ihre Ruhe. Ich habe ja ein Herz für Peinlichkeiten. Aber diese Peinlichkeit wird mir nicht passieren. Unter Garantie.

Und dann waren da noch die, die mich allen Ernstes gefragt haben, ob ich mich mit durchtrennten Samensträngen eigentlich noch männlich genug fühle. Habt ihr denn wirklich so einen Knall, dass ihr glaubt, an diesen dünnen Gewebesträngen hängt eure Männlichkeit?

Ich finde, es ist wesentlich männlicher, in so einer Frage Verantwortung zu übernehmen und konsequent im Sinn der Partnerschaft zu handeln. Merkt euch das.

Warum ich (wahrscheinlich) kein Restaurant mehr aufsperren werde

Es vergeht kaum ein Tag, ohne dass mich jemand fragt, ob ich nicht ein Restaurant aufsperren möchte. Und auf kaum eine Frage weiß ich so schnell eine Antwort: Nein. Das wird nicht passieren.

Die Sicherheit, mit der ich nein sage, hat viele Gründe – einer davon ist, dass ich in den letzten Jahren viel Glück hatte und kein Restaurant aufsperren muss, um damit den Lebensunterhalt für die Familie zu verdienen.

Aber es gibt auch andere Gründe. Im „Hangar-7" habe ich elf Jahre lang im Dienst der Gastköche gearbeitet. Das war nicht nur ein geiles Konzept, sondern auch eine angewandte Übung im Zähmen des eigenen Egos. Dieses Ego ist aber der Treibstoff für ganz viele Köche: Sie stürzen sich in die Selbständigkeit, um ihren Namen über dem eigenen Laden zu lesen.

Neben diesen ökonomischen und psychologischen Gründen gibt es freilich noch eine ganze Reihe handfester Gründe, die eine Arbeit als Koch für mich unattraktiv machen.

Zum Beispiel die Schwierigkeit, als Koch ein Familienleben zu haben. Mein Sohn ist jetzt sieben. Es gibt nichts Schöneres für mich, als den Kleinen um halb acht ins Bett zu bringen und ihm eine Geschichte vorzulesen. Mit ihm darüber zu reden, was an seinem Tag passiert ist, zuzuhören, was in der Schule los war oder beim Kindergeburtstag. Anschließend mit meiner Frau zusammenzusitzen, zu reden und vielleicht „Kitchen Impossible" (ohne mich – für alle, die mich für einen eitlen Affen halten) anzuschauen oder so was.

Unmöglich, wenn du ein Restaurant hast. In der Zeit, die zu Hause am schönsten ist, geben im Restaurant gerade alle Vollgas. Dein Kind kannst du im Urlaub ins Bett bringen – wenn du nicht selbst vor Erschöpfung schon eingeschlafen bist.

Ich habe jetzt das Privileg, mir aussuchen zu können, für wen ich koche. Als Koch im Restaurant koche ich Tag für Tag für fremde Leute. Oder, besser: Ich muss jeden Tag für fremde Leute kochen. Aber ich koche viel besser, seit ich nicht mehr kochen muss (Seite 47).

Seit ich nur noch auf Events koche, habe ich interessanterweise auch plötzlich kein Problem mehr mit Gästen, die Allergien haben oder justament das nicht essen wollen, was heute auf der Karte steht. Unter 150 Gästen meldet sich vielleicht einer, der eine Unverträglichkeit hat oder eine Allergie. Unter 150 Gästen, die bei mir im Restaurant gegessen haben, waren es 15 Prozent, mindestens.

Keine Ahnung, woran das liegt – vielleicht ist der Restaurantbesuch inzwischen so normal geworden, dass man die eigene Besonderheit dadurch herausstreichen muss, dass man Sonderwünsche anmeldet. Oder die Leute empfinden es inzwischen als etwas so Besonderes, auf einem meiner zehn jährlichen Events ein Essen von mir gekocht zu bekommen, dass sie für einen Abend auf ihre Unverträglichkeiten vergessen.

Und natürlich all die Scherereien, die man hat, bevor man in der Küche loslegen kann. Die behördlichen Auflagen, die erfüllt sein müssen. Die neuen Verordnungen, die Unsinn sind, aber trotzdem eingehalten werden müssen, sonst sperren sie dir die Bude zu. All diese Zeit- und Motivationsfresser. Man wird doch Koch, um zu kochen, nicht, um Formulare auszufüllen.

Dann natürlich das leidige Thema Mitarbeiter. Ich bin als Koch abhängig von guten Mitarbeitern. Ich kann in meiner Küche stehen und kochen wie ein Weltmeister, wenn draußen im Service uncharmante Kellnerinnen herumlaufen, dann werde ich meine Gäste nicht glücklich machen.

Immer, wenn es gerade einmal läuft, ist einer krank. Oder zwei. Oder drei. Immer, wenn die Mannschaft endlich einmal komplett ist, kündigt einer. Oder sein Auto springt nicht an. Oder er hat einen Wasserrohrbruch.

Keine Ahnung, ob das früher besser war. Ich kann mir vorstellen, dass die Mitarbeiter andere Prioritäten setzen als früher. Für mich war damals klar: Arbeite ich 40 Stunden, lerne ich 40 Stunden was. Arbeite ich 80 Stunden, lerne ich 80 Stunden was. Genau diese 40 Stunden plus haben mich weitergebracht und irgendwann zu dem gemacht, der ich heute bin. Aber das war halt mein persönliches Ding, und ich weiß, dass man bei Mitarbeitern andere Maßstäbe anlegen muss.

Wir wenden uns ja mit unserem Angebot an Menschen, die vieles kennen, die reisen, die an besonderen Orten waren und zum Beispiel wissen, was wirklich guter Service sein kann – ich verwende absichtlich die Möglichkeitsform. Für mich ist zum Beispiel das „Mandarin Oriental" in Bangkok das Maß aller Dinge, was Service betrifft. Wo du dich auch aufhältst, was du gerade willst, woran du gerade denkst – immer ist jemand da, der sich um dich kümmert, dir hilft, dir deine Wünsche von den Augen abliest.

Wie funktioniert das? Und wieso ist der Service im „Mandarin Oriental" in London oder München nicht halb so gut? Es funktioniert in Bangkok, weil der Zimmerpreis genauso hoch ist wie in London oder München. Aber die Mitarbeiter in Bangkok kosten nur einen Bruchteil, und deswegen können viel mehr eingestellt werden. Also selbst wenn du ganz genau weißt, wie du es machen möchtest – du kannst es dir einfach nicht leisten.

Umgekehrt höre ich immer öfter Geschichten, dass Hoteliers oder Gastronomen ihre Betriebe nicht voll bestücken können, obwohl die Nachfrage der Gäste da wäre. Aber sie bekommen keine Mitarbeiter, müssen Zimmer, die sie vermieten können, leer stehen lassen und besetzen nicht alle Tische ihrer Restaurants. Da ist es – und da kann mir niemand etwas erzählen – auch die Aufgabe der Politik, Rahmenbedingungen zu schaffen, die es den Gastronomen ermöglichen, ihrer Arbeit nachzugehen. Zum Beispiel, indem die Lohnnebenkosten entscheidend sinken und die Gastronomen den Mitarbeitern mehr bezahlen können.

Und wenn ich irgendwo sitze und mich wohl fühle und mir denke: Genau so soll Gastronomie sein, dann bin ich ganz sicher in keinem Sternenladen. Dann sitze ich zum Beispiel in Zürich in diesem neuen Steakladen namens „ButchersTable", wo es nur Fleisch gibt und ein paar Beilagen. Schon wenn du bei der Tür reinkommst, siehst du die Fleischtheke mit den schönsten Cuts von Rind, Lamm, Schwein und dahinter einen Metzger in super Kleidung, der dir hilft, das Stück auszusuchen, das du gleich essen wirst.

Oder ich bin in Berlin bei Duc Ngo im „893 Ryōtei", an der Wand hängt eine große Bondage-Fotografie von Araki. Die Drinks sind gut, und das Essen ist einfach, aber von einer wahnsinnigen Qualität. Genau in dem Augenblick, wo ich dann denke, vielleicht sollte ich mich doch noch mal an so ein Konzept wagen, setzt sich Duc an den Tisch und sagt, dass er seinen Laden umbauen musste, weil ihn eine Nachbarin angezeigt hatte. Die Schritte der Gäste waren zu laut gewesen. Ein neuer Boden musste her. Und ich denke mir: Was für ein Glück, dass ich nichts mit dieser Nachbarin zu tun hatte, denn sonst wäre ich wahrscheinlich direkt ins Gefängnis gewandert.

Klar, es gibt auch Restaurants, wo die Gastronomen zwar ihren Namen draufstehen haben, aber persönlich nur im Ausnahmefall anwesend sind. Frank Rosin hat so ein Lokal, sogar mit zwei Michelin-Sternen. Aber er hat dieses Lokal seit 29 Jahren, und die Mitarbeiter, mit denen er gemeinsam aufgesperrt hat, sind zum Teil immer noch da. Weil er sie gut bezahlt und respektvoll mit ihnen umgeht. So kann das funktionieren, davor ziehe ich den Hut. Würde ich jetzt etwas machen, ohne permanent vor Ort zu sein, würde es hundertprozentig in die Hosen gehen.

Ich will kein Restaurant mehr haben – doch ein kleiner Teil von mir will es schon. Aber dann denke ich an die Investitionen, die nötig sind, um eine Location so herzurichten, wie ich sie haben möchte – da ist ganz schnell eine halbe Million verballert, und zwar bevor der erste Gast durch die Tür gekommen ist. Zu dieser Investition bin ich nicht bereit.

Bleibt eine, wenn auch sehr unwahrscheinliche Möglichkeit. Wenn es Investoren gibt, die mit mir ein Konzept entwickeln wollen und dafür die gesamte Finanzierung übernehmen, dann denke ich drüber nach. Ich will kein Sparbuch auflösen müssen, um mein Restaurant eröffnen zu können. Ich gebe meine Kompetenz, mein Gesicht, meinen Namen. Das Geld muss ein anderer beisteuern.

Hier sind ein paar Ideen. Vielleicht nicht alle ganz ausgegoren. Aber das erledigen wir dann in der Umsetzungsphase.

 Ein vegetarisch-veganes Restaurant. Mit Hausverbot für Veganer. So steigern wir bei den Fleischfressern die Wertschätzung fürs Gemüse und widmen diesen wundervollen Lebensmitteln die gesamte Aufmerksamkeit – und nicht dem Michelin.

 Ein Hühnerrestaurant. Die Tiere kommen von einer eigenen Hühnerfarm, wo verschiedenste Arten achtsam gezüchtet werden. Auch die Nahrung der Tiere wird selbst angebaut. Vorbild: das Yardbird in Hongkong. Kaum ein Tier ist einfacher komplett zu verarbeiten, inklusive Eiern. Und es gibt keine religiösen und kulinarischen Einschränkungen. Ein klares Konzept, wie ich es anderswo vermisse.

✳ Ein Thai-Mex-Lokal. Das sind zwei Nationalküchen, die beim Publikum gut ankommen und viele Lebensmittel gemeinsam haben: Avocado. Koriander. Limette. Chili. Es wäre die logische Fusion zweier kulinarischer Kontinente.

✳ Ein Frühstückskonzept, das Hotels einführen könnten. Es gibt eine Theke mit tollen Lebensmitteln, an der ich bestellen kann, was ich haben will. Wie ein kleiner Feinkostladen, wo ich auch nur bezahle, was ich bekomme. Eine Win-win-Situation: Der Gast muss nicht 35 Euro fürs Frühstück bezahlen, und das Hotel muss nicht die Hälfte der Lebensmittel, die auf dem Buffet gelegen sind, wegwerfen.

Warum ich das alles ausplaudere?

Weil es mich mehr freuen würde, dass es diese Konzepte gibt, als ich mich ärgern müsste, dass man sie mir geklaut hat.

Das beste Kochformat der Welt: „Kitchen Impossible"

„Kitchen Impossible" ist das coolste kulinarische Fernsehformat, das ich kenne. Das liegt einerseits an dem – ich sag es nicht gerne – wirklich sensationellen Tim Mälzer. Andererseits hat aber auch der Sender VOX, wo „Kitchen Impossible" läuft, ein veritables Recht darauf, gelobt zu werden. Denn als alles begann, sah die Sache düster aus.

Zuerst war die Sendung nur ein Versuchsballon. Im Piloten traten Tim Mälzer und Tim Raue gegeneinander an, schickten einander nach Cork und in ein tatarisches Dorf nach Polen, zum Schweizer Sternekoch Andreas Caminada nach Fürstenau und nach Valencia, um Paella zu kochen. Das Prinzip der Sendung blieb von Beginn an gleich: Du bekommst ein Flugticket, reist mit dem Team irgendwohin, wo du in der Regel noch nie warst, und bekommst dort etwas zu essen. Das musst du dann, so gut du kannst, nachkochen. Der Pilot lief 2014 im Vorweihnachtsprogramm von VOX – und hatte beschissene Einschaltquoten. Was tat der Sender? Er wiederholte den Piloten und bestellte bei der Produktionsfirma eine ganze Staffel.

Ich weiß noch genau, unter welchen Umständen ich diesen Piloten gesehen habe. Ich hatte gerade meinen Job im „Hangar-7" gekündigt, und mein Kopf war voller Ideen, was die Zukunft betraf. Auch Fernsehen spielte da bereits eine Rolle, ich war schon als Gastjuror zu „The Taste" eingeladen worden. Aber als ich mit meiner Frau auf der Couch saß und den beiden Tims dabei zusah, wie sie auf hohem Niveau an ihren Aufgaben scheiterten, war ich total elektrisiert.

„Das", dachte ich mir, „wäre doch ein Format für mich." Im selben Augenblick drehte sich meine Frau zu mir und sagte: „Das wäre doch ein Format für dich."

Das Beste aber kam erst. Nur zwei oder drei Tage später klingelte das Telefon, und am Apparat war die Produktionsfirma Endemol. Ob ich mir denn vorstellen könnte, bei dieser neuen Kochsendung namens „Kitchen Impossible" mitzumachen. Ich glaube, ich habe schon ja gesagt, bevor der Anrufer mit seiner Frage fertig war.

Mein Gegner war Tim Mälzer. Tim hat in der ersten Staffel jede einzelne Sendung gemacht. Seine Gegner waren Juan Amador, Alexander Herrmann, Meta Hiltebrand, Christian Lohse, Tim Raue. Und ich.

Um das Wichtigste gleich vorauszuschicken: Du weißt vor Drehbeginn genau gar nichts. Bei meiner ersten Sendung kriegte ich eine englische Flagge, wusste also: aha, England. Am Tag vor der Abreise bekam ich ein Ticket nach Manchester, dachte also, dass wir dort drehen werden. Klar schaust du dann im Internet, ob es in Manchester irgendeine kulinarische Spezialität gibt. Aber erstens findest du nicht viel außer Fish and Chips, und zweitens ist überhaupt nicht gesagt, dass du in Manchester drehst, nur weil du nach Manchester fliegst.

In Manchester traf sich das Team. Aber wenn du glaubst, dass einer von denen irgendeine Andeutung machte, was auf mich wartet, hast du dich getäuscht. Lauter Mafiosi, die der Omertà verpflichtet sind, also den Schweigeeid abgelegt haben. Wir fuhren mit Leihautos weiter, wir fuhren und fuhren, und plötzlich waren wir in Liverpool.

Klar, dass ich dann im Hotel auch gegoogelt habe, was es in Liverpool für traditional food gibt. Am nächsten Morgen – ich war schon fast überzeugt, dass ich tatsächlich Fish and Chips kochen musste – bekam ich an der Rezeption einen Brief von Tim Mälzer persönlich ausgehändigt.

„Herzlich willkommen in Liverpool! Ich hab eine gute Nachricht und eine schlechte Nachricht für dich. Gute Nachricht: Bevor du zum Kochen gehst, darfst du erst mal eine Tour mit dem Bus machen. Schlechte Nachricht: Du hast kein Geld und musst dir das Geld für den Bus verdienen, indem du mit der Gitarre auf die Straße singen gehst."

Und schon stand ein Typ vom Team da und drückte mir eine Gitarre in die Hand.

Kann ich Gitarre spielen?

Nein.

Habe ich Gitarre gespielt?

Aber sicher doch.

Ich setzte mich hinaus auf die Straße, wo viele Fußgänger vorbeimussten. Die Kameras postierten sich irgendwo, wo ich sie gar nicht sah. Ich stellte den Hut vor mich hin, und dann begann ich ein Lied zu singen, das ich schon als Kind geliebt habe: „Il ragazzo della via Gluck" von Celentano – ich hoffe, Adriano ist nicht allzu sauer auf mich wegen dem, was ich, laut auf die Gitarre klopfend, aus seiner großartigen Ballade gemacht habe.

Auf jeden Fall hatte ich sofort ein paar Pfund im Hut und konnte mir das Ticket für den Touristenbus leisten. In sehr kurzer Zeit erfuhr ich sehr viel über die Beatles. Wo sie in die Schule gegangen sind, wo sie ihre erste Freundin befummelt haben, wo sie besoffen zum ersten Mal hingekotzt haben – too much information.

Passenderweise habe ich meine Box dann in einem Club überreicht bekommen, wo – dreimal dürft ihr raten – auch die Beatles einmal gespielt haben. Ein chinesisches Gericht. Keine Spur von Fish and Chips.

Bei „Kitchen Impossible" besteht der erste Teil der Aufgabe darin, das Gericht zu analysieren, sozusagen in seine Einzelteile zu zerlegen. Gleichzeitig musst du überlegen, wie du es selbst kochen würdest. Ich bekam ein eher unansehnliches Gericht mit Fleisch und Nudeln, und das Erste, was ich kapierte, war das Fleisch. Eindeutig Pekingente, typisch chinesisch mit süßer Hoisin-Sauce, wie man sie in Hongkong oft in dünne Pancakes eingerollt isst.

Schon ratterte es in meinem Kopf. Ich hatte einmal ganz genau gelernt, wie man eine Pekingente macht. Bei einem „Ikarus"-Gastkoch aus Australien namens Cheong Liew. Cooler Typ, cooler Koch. Er hatte mir in Adelaide in allen Einzelheiten gezeigt, wie es geht. Wie die Ente zuerst überbrüht wird. Wie sie dann trocknen muss. Das Wichtigste aber ist, dass du die Ente am Anfang aufbläst, damit sich die Haut vom Fleisch löst.

In China blasen die Köche ihre Enten ja noch mit dem Mund auf, aber das finde ich total eklig. Doch ich hatte eine Idee: Wir nehmen einfach eine Siphonflasche, in die wir statt Wasser nur Luft hineingeben, stecken der Ente das Ding in den Hals und blasen sie auf. Ich machte mich also gleich in der Früh in Liverpool auf die Suche nach einer Siphonflasche. Nachdem ich drei Haushaltswarengeschäfte abgeklappert hatte, wusste ich: Fehlanzeige. Gibt es hier nicht.

Damit war die Idee zwar gut, aber wertlos. Aber als wir auf der Suche nach dem nächsten Haushaltswarengeschäft quer durch Liverpool fuhren, kamen wir an einer Tankstelle vorbei, und ich hatte einen Geistesblitz.

„Fahr mal da rein", sagte ich dem Fahrer, und kaum dass der Wagen stand, inspizierte ich schon das Pressluftgerät, mit dem man normalerweise Reifen aufbläst, und fand, dass das Ding wie gemacht dafür ist, eine Pekingente für die sachkundige

Zubereitung herzurichten. Leider kriegte ich nicht den geringsten Lufthauch aus dem Ding. Ein paar Autofahrer schauten mich ein bisschen befremdet an, wie ich an der Tanke mit einer toten Ente und einem Schlauch herumhantiere und dabei fluche wie ein ... wie ich halt fluche, wenn etwas nicht gelingt, was ich mir in den Kopf gesetzt habe.

Aber plötzlich – wahrscheinlich hatte ich plötzlich den richtigen Knopf gedrückt – feuerte das Teil eine Salve Pressluft ab, und die Ente blähte sich auf wie ein Luftballon.

Jetzt schrie ich nicht, weil ich fluchte, sondern weil ich das so geil fand. Die Ente bläst sich auf, die Haut ist in Ablösung. Perfekte Bedingungen für morgen, wenn das Teil in den Ofen kommt.

Neben der Ente bestand das Gericht aus chinesischen Nudeln. Die hatten allerdings eine merkwürdige Besonderheit. Sie waren nicht beige oder braun, wie chinesische Nudeln normalerweise sind, sondern rot. Das machte mich nachdenklich. Was war in diesen Scheißnudeln, das sie rot färbte? Geschmeckt hatten sie ganz normal, wie Glasnudeln, aber eben rote Glasnudeln.

Was ich zu diesem Zeitpunkt noch nicht wusste – und was am Ende megapeinlich für mich herauskam: Es waren gar keine Glasnudeln, sondern Eiernudeln, und sie waren auch nicht rot, sondern hatten eine ganz normale, helle Nudelfarbe, die nur in der Beleuchtung des Clubs, wo ich das Gericht probiert hatte, so rot gewirkt hatten. In diesem Augenblick war ich schon dazu verdammt, mich am nächsten Tag, als es schließlich ans Kochen ging, wie ein Idiot zu präsentieren.

Das Kochen ist bei „Kitchen Impossible" der zweite Teil der Aufgabe. Nachdem du weißt – oder zu wissen glaubst –, was du nachkochen musst, kümmerst du dich einen Tag lang um die Lebensmittel, die du brauchst. Du gehst einkaufen und schaust, dass du alles beisammenhast, wenn du am Morgen darauf an den Ort gebracht wirst, wo du das Gericht zubereiten wirst – wohlgemerkt unter den kritischen Blicken dessen, der das Original hergestellt hat.

Ich war an diesem Morgen guter Laune. Zwar wusste ich noch nicht, wie ich die roten Nudeln hinkriegen soll, aber immerhin hatte ich die aufgeblasene Ente im Gepäck und wusste, was ich zu tun hatte. Ente überbrühen, dann ab in den Ofen.

Ich betrat das chinesische Restaurant in Liverpool, wo mich Herr Mälzer hingeschickt hatte, begrüßte den Patron und wollte die Ente gleich einmal in den Ofen schieben. Aber was sagte der Typ: „Welchen Ofen? Wir haben keinen Ofen."

Damit war der zentrale Teil meiner Vorbereitung am Arsch. Und ich schob Panik. Denn wenn der Typ keinen Ofen hat, bedeutet das natürlich, dass er die Ente anders zubereitet, und ich hatte keinen blassen Schimmer, wie.

Also machte ich mich zuerst an die Produktion der Nudeln. Mehl, Wasser, aber keine Eier. Dem Teig fehlte logischerweise die Bindung, und die Nudeln zerfielen. Aber ich hatte nichts anderes im Kopf als die Farbe der Scheißnudeln. Aber wie ich es auch anstellte, ich kriegte nur braune Nudeln hin, die sich noch dazu beim Kochen auflösten. Fehlte nur noch, was dann natürlich auch noch dazukam: dass ich die Scheißente beim Anbraten verbrannte. Der Liverpooler Chinese kam aus dem Kopfschütteln überhaupt nicht mehr heraus. Dieser Typ sollte ein Starkoch sein? Einer, der nicht mal eine Ente braten kann und die Eier für den Nudelteig vergisst?

Das war mein Einstand bei „Kitchen Impossible". Ich schwöre: Blöder kann man sich nicht anstellen.

Wobei: Mälzer schon. Dem hatte ich nämlich zwei Aufgaben in Italien gegeben. Im „Patscheider Hof" musste er Knödel machen, die niemand auch nur annähernd so gut hinkriegt wie der Chef. Außerdem schickte ich ihn aufs Eis – zu meinen Buddies vom HC Ritten, dem Eishockeyclub, für den ich jahrelang dem Puck nachgejagt bin.

Mälzer ist ja für sehr wenige Dinge talentiert, Reden einmal ausgenommen (und ob er eine Hand fürs Kochen hat, hat er auch noch nicht wirklich bewiesen). Er ging also in meine Heimatgemeinde, betrat die Umkleidekabine der Eishockey-Cracks,

mit denen er sich anfreunden sollte, und das Erste, was er los-
ließ, war ein pauschaler Diss: „Echt, ihr seid alle nur so dünne
Würstchen? Eishockeyspieler habe ich mir ein bisschen anders
vorgestellt ...“

Jetzt konnte Mälzer zwar die Klappe weit aufreißen, aber
eisgelaufen war er noch nie. Ich habe Tränen gelacht, als ich sah,
wie er sich in der Halle über das Eis geschleppt hat. Die Würstchen dagegen lachten nicht. Sie lachten erst, als sie ihm einen
Check verpasst hatten, nach dem Mälzer quer durch die Halle
an die Bande schlitterte – dabei hatten sie ihm unabsichtlich eine
Rippe angeknackst. Ich mag diese Art von Humor.

In Süditalien musste Mälzer dann Pizza backen und ver-
wechselte Mehl und Salz. Diese Art von Humor mag ich auch.

Apropos Humor: Im dritten Teil jeder „Kitchen Impossible“-Sendung sitzen die beiden Kontrahenten dann zusammen
und schauen sich an, wie es ihnen und ihrem Gegner so ergangen
ist. Klar, dass Mälzer beim Quatschen unschlagbar ist, aber als
gezeigt wurde, wie er seinen Pizzateig machte, fiel selbst ihm
nichts mehr ein. Die Kamera ist natürlich auch dabei voll dabei
–eigentlich immer. Das Team macht das aber mit einer solchen
Selbstverständlichkeit und Routine, dass du überhaupt nicht
mehr dran denkst, dich in Pose zu werfen und gut ausschauen zu
wollen.

Überhaupt – und das sage ich jetzt allen meinen Bekann-
ten und Freunden, die sich überlegen, ob sie mal bei „Kitchen
Impossible“ mitmachen wollen: Eine Sendung, bei der du gut
ausschaust, ist „Kitchen Impossible“ ganz sicher nicht. Der
größte Erfolg, den du haben kannst, besteht darin, dass die Leute
über dich lachen, weil du lustig bist, und nicht, weil du dich wie
ein Idiot benimmst. Leider hängt das Zweite meistens mit dem
Ersten eng zusammen.

Der vierte Teil des Sendung besteht dann darin, dass
Freunde und Stammgäste des Kochs, dessen Gericht du nach-
gekocht hast, ins Lokal kommen. Sie beurteilen, wie nahe du
mit deiner Version dem Originalgericht, das Ausgangspunkt der

ganzen Geschichte war, gekommen bist. Dann benoten sie dein Gericht, und die Summe dieser Noten entscheidet darüber, ob du gewinnst oder dein Gegner.

Das ist für mich die größte Challenge bei „Kitchen Impossible". Denn manchmal bekommst du ein Gericht zum Nachkochen, das du nicht nur nicht besonders gut, sondern echt scheiße findest. Zum Beispiel hatte mich Mälzer in dieser ersten Sendung nach Hamburg geschickt, in eine windschiefe Hafenkneipe, wo es Frikadellen gab. Die Typen von der Kneipe dachten tatsächlich, dass sie die besten Frikadellen der Welt machen. Aber ich – wo ich doch bei mir zu Hause nur der Fleischpflanzerl-Gott genannt werde, und zwar von jemandem, der sich bei Fleischpflanzerln auskennt, nämlich von mir selbst – brachte es nicht übers Herz, die schlechten Frikadellen so schlecht nachzukochen, wie die Typen selbst sie zubereiteten. Ich machte also richtig gute Frikadellen, und dann passierte, was passieren musste: Als die Gäste der Hafenkneipe zusammensaßen und meine Frikadellen kosteten, schüttelten sie angewidert den Kopf und sagten: Also Frikadellen kann der nicht.

Dabei wusste ich ja eigentlich, dass ich sie nicht zu guten Frikadellenessern erziehen sollte. Ich sollte einfach Frikadellen kochen, die so schmecken wie die, die es hier immer gibt. Aber so blöd es klingt: Ich kann einfach nicht absichtlich etwas Schlechtes kochen. In meiner Denke ist es tief verankert, dass ich so gut koche, wie ich kochen kann – auch wenn das bei „Kitchen Impossible" nichts bringt. Aber das wollte damals nicht in mein Hirn hinein – und daran hat sich bis heute nichts geändert.

„Kitchen Impossible" ist so erfolgreich, weil die Geschichten echt sind. Sobald du auf einem „Kitchen Impossible"-Dreh bist, weißt du: Alles kann passieren. Eine Tür geht auf, jemand bringt die schwarze Box mit dem Gericht rein, das du nachkochen musst, und dann hast du keine Ahnung, wie du die nächsten Tage einigermaßen über die Bühne kriegst, ohne dich völlig lächerlich zu machen. Dann konzentrierst du dich auf einen Teller mit irgendeiner Pampe, zwei Kameras halten permanent auf dich drauf, und die sehen alles: die Verzweiflung. Die roten Flecken im Gesicht, die blühen wie Klatschmohn. Den Schweiß, der an dir herunterströmt wie ein Gebirgsbach. „Kitchen Impossible" ist einfach ein Format ohne Rettungsfallschirm. Und kaum hast du beim Kochen eine Spur aufgenommen, die dir vielversprechend erscheint, kommt mit Sicherheit der Originalkoch um die Ecke, und du siehst, wie in seinen Augen das Mitleid aufblitzt, weil du komplett falschliegst.

Du darfst dich eben nicht nur auf deinen eigenen Geschmack verlassen, sondern musst auch die Augen und die Ohren offen halten. Einmal, in Bad Oeynhausen, musste ich Stippgrütze kochen. Klar, hätte ich Internetzugang gehabt, hätte ich auch gewusst, was das ist: „Stippgrütze, auch Wurstebrei oder Speise genannt, ist eine der Grützwurst oder dem Knipp ähnliche westfälische Spezialität. Sie besteht aus in Wurstbrühe gekochter Gerstengrütze, die mit Fleischresten, auch Innereien, wie Herz, Nieren oder auch Leber angereichert und mit Gewürzen und Salz abgeschmeckt wird. Selten werden feingeschnittene Zwiebeln hinzugefügt. Die gekochten Zutaten werden nach Abgießen der Brühe im Fleischwolf zerkleinert und es entsteht eine krümelige, mit Fett durchsetzte Masse, die beim Abkühlen erstarrt. Es gibt diverse Rezepte, die in jedem Fall die Verwendung von Gerstengrütze, Fett und Fleisch gemeinsam haben."

Und das sollte ich ohne jede Hilfe aus dem eher undefinierbaren Zeug auf meinem Teller herausschmecken. Generell wird es ja umso schwieriger, je feiner und zerkleinerter ein Gericht ist, weil du so die einzelnen Geschmäcker nicht mehr auseinanderdividieren kannst.

Ich wusste also gar nix, als ich die Stippgrütze kostete. Aber ich merkte mir, dass beim Gericht ein Plastikbesteck dabei war, und als ich später durch verschiedene Metzgereien streifte und in einer von ihnen genau dieses Besteck wiedersah, wusste ich: Hallo, ganz falsch kannst du nicht liegen. Meisterdetektiv Trettl auf der richtigen Spur.

Viele Kollegen haben mir gesagt: Bei „Kitchen Impossible"
kannst du nur verlieren. Ich bin genau der entgegengesetzten
Meinung: Du kannst nur gewinnen.

Denn dein härtester Gegner ist ja nicht, bei allem Respekt,
Tim Mälzer oder ein anderer Koch. Dein härtester Gegner bist
immer nur du selbst. Ich koche doch nicht gegen jemand anderen. Ich koche immer nur dafür, dass am Schluss etwas Gutes
auf dem Tisch steht. Für dieses Ziel habe ich dreißig Jahre lang
jeden Tag gearbeitet. Dafür, dass ich dabei mein Bestes gebe,
brauche ich keinen Gegner. Ich brauche nur den Gedanken an
die Leute, die mein Essen vorgesetzt bekommen. Der Gegner bei
„Kitchen Impossible" ist halt eine gute Einrichtung, weil man
sich dann gegenseitig im Studio ein bisschen schwach anreden
kann. Aber das ist auch schon alles.

Das ändert aber nichts an der Tatsache, dass „Kitchen Impossible" mein Verhältnis zu schwarzen Boxen grundlegend verändert hat. In der schwarzen Box wird ja bekanntlich das Gericht
gebracht, das zu deiner Aufgabe wird. Ich kann heute irgendwo
sitzen und Kaffee trinken, weit und breit kein Fernsehteam, alles
entspannt. Aber kaum rennt ein Bote mit einer schwarzen Box
vorbei, bricht mir der Schweiß aus, und ich denke: „Scheiße. Es
geht los."

Einmal, auf den Kapverden, hatte ich in dieser Kiste
eine Cachupa, das ist der traditionelle Eintopf aus Thunfisch,
Schwein, Chorizo, Mais, Bohnen, Maniok, Süßkartoffeln und
allem möglichen anderen Zeug. Ich stand in der Küche eines
Privathaushalts vor einem Gasherd mit vier Flammen, das war
alles. Mir hat das Herz geblutet, weil ich den guten frischen
Thunfisch, den ich gerade auf dem Markt gekauft hatte, zu den
anderen Zutaten geben sollte, mit denen er dann drei Stunden
lang geschmort wird. Da war er wieder, mein Missionsdrang als
Koch. Ich wollte den Eintopf nicht so machen, wie er gemacht
gehört, sondern wenigstens ein bisschen besser. Der Thunfisch
muss ja gar nicht roh oder medium sein, dachte ich mir, aber er

soll wenigstens ein bisschen anders schmecken als meine Flip-flops. Mein ganzes Leben hatte ich nicht so einen trockenen Thunfisch gegessen wie den, der in der schwarzen Box war, aber indem ich es besser machen wollte, machte ich es natürlich schlechter.

Neben dem Eintopf waren dann noch zwei Desserts in der Box – nicht eines, was eigentlich schon mehr als genug gewesen wäre, sondern zwei. Ein Mousse mit Mango und eines, das irgendwie aus Keksen und Rahm zu einer Creme zusammengemischt war. Ich hatte nicht die geringste Ahnung, wie ich diese Desserts zubereiten sollte, und ich kriege jetzt, wenn ich mich daran erinnere, sofort wieder einen Schweißausbruch.

Also machte ich eine Erkundungstour im Supermarkt. Dort kommst du manchmal auf Ideen. Ich ging durch die Reihen, riss alle möglichen Kekspackungen auf und probierte. Ich musste ja zuerst einmal die Lebensmittel kennenlernen, mit denen auf den Kapverden gekocht wird. Es gab ganze Gänge voller Kondensmilch, also dachte ich, vielleicht ist das die Lösung. Außerdem brauchte ich natürlich Sahne – Cremes werden ja meistens mit irgendeiner Sahne gemacht.

Aber genau daran ist es dann gescheitert. Die Scheißsahne ist einfach nicht steif geworden. Ich habe geschlagen und geschlagen, und es hat sich überhaupt nichts getan, außer dass mir die Zeit davongelaufen ist. Ich hab dann den Mixer an einer Aufhängung aus Klarsichtfolie an die Vorhangstange montiert, damit er die Sahne weiterschlägt, während ich mich um den Eintopf kümmere, aber es hat nichts genutzt – ich hab es in den Augen meiner Gastgeberin gesehen, die schon wieder Mitleid mit mir armem Tropf hatte. Wie ich das hasse, dieses Mitleid.

Aber, wie gesagt: Elegant wirst du eher nicht aussehen bei „Kitchen Impossible". Einmal haben sie mich nach Charleston in South Carolina geschickt. Ich war 45 Stunden unterwegs, kam ohne Gepäck an und musste sofort ran, weil die erste Aufgabe darin bestand, dass wir uns unsere eigenen Garnelen fischen. Weil ich eine Neigung dazu habe, seekrank zu werden, hab ich

vorher Medikamente dagegen eingenommen. Schlecht ist mir trotzdem geworden, aber dazu habe ich gleich auch noch Gleichgewichtsstörungen bekommen und alles doppelt gesehen, bis ich am Schluss überhaupt nichts mehr sah. Wahrscheinlich hätte ich mich an den Beipacktext halten sollen und nur eine Tablette nehmen – statt drei. Aber so sind die Zuschauer in den Genuss eines Trettl gekommen, der nicht nur völlig übermüdet war und getorkelt ist wie ein Volltrunkener, sondern sich auch noch live auf Sendung angekotzt hat. Und nein: Gespielt war da gar nichts.

Es war auch nicht gespielt, als ich mich bei einem „Kitchen Impossible"-Weihnachtsspecial – dabei treten immer zwei Paare von Köchen gegeneinander an, und es gibt pro Team nicht zwei Locations, sondern nur eine – über den Peter Maria Schnurr so richtig geärgert habe. Der Typ hat nämlich das spezielle Talent, sich bei „Kitchen Impossible"-Drehs zu verletzen. Einmal in London hat er sich beim Chinesen in den Finger geschnitten, worauf der ganze Dreh abgebrochen werden musste. Dabei war die Verletzung so winzig, dass sie nicht einmal genäht werden musste.

Ein anderes Mal waren wir gemeinsam in Finnland, in Kuusamo. Peter Maria Schnurr war wie immer total motiviert und ging am Tag vor dem Dreh eisklettern. Was passierte? Er brach sich dabei einen Finger. Jetzt musste ich den ganzen Scheiß allein machen, und er ist mit seiner Gipshand eher im Weg herumgestanden, als dass er mir hätte helfen können. Da bin ich natürlich ein bisschen unruhig und ein bisschen bossy geworden, weil ich ja wusste, dass wir am Abend unsere Gerichte servieren müssen, und vielleicht war ich auch nicht ganz so freundlich wie sonst – nach der Ausstrahlung der Sendung erntete ich einen regelrechten Shitstorm, weil ich mit meinem armen, verletzten Partner so unfreundlich gewesen sein soll.

Bei einem anderen Weihnachts-Special war ich mit Christian Lohse in Alaska. Das war eine Prüfung, für beide. Wir sind uns total in die Haare geraten, weil wir völlig unterschiedlich ticken. Lohse ist ein Koch, der zuerst einmal Papier und Bleistift hernimmt, sich an einen Tisch setzt, die Situation analysiert und die Analyse in eine Liste packt. Ich bin ein Koch, der zuerst einmal ins Kühlhaus geht, schaut, was da ist, wie es sich anfühlt, wie es riecht, wie es schmeckt.

Wir kriegen also unsere Box voller Gerichte und fangen an zu probieren. Da sagt Lohse: Okay, Roland, lass uns mal 'ne Liste machen. Ich sage: Wenn ich Listen schreiben wollte, wäre ich Buchhalter geworden und nicht Koch. Ein Wort gibt das andere, und am Schluss hocken wir zwei Idioten, die noch dazu ein Team sind, am Ende der Welt in Alaska, sind zu Tode beleidigt und stinksauer aufeinander. Wir haben den ganzen Tag und den ganzen Abend nicht mehr miteinander geredet, obwohl wir am nächsten Tag miteinander kochen mussten. In der Nacht war ich echt gespannt, wie das gehen soll, aber wir haben es dann ganz gut eingefangen, weil wir schlau genug waren, uns nicht vor laufenden Kameras aufzuführen wie kindische Deppen.

Aber wer glaubt, dass die Szenen, wo wir trotzdem als kindische Deppen rüberkommen, nicht im Fernsehen gespielt wurden, der irrt sich. „Kitchen Impossible" zeigt wirklich alles, die tollen und die schönen und die absurden und die peinlichen Szenen – die am liebsten. Ich erinnere mich nur an ein einziges Mal, dass eine gute Szene rausgeschnitten wurde – sie war wohl irgendwem zu heiß. Deswegen erzähle ich sie euch jetzt hier.

Als ich in Liverpool an der Tankstelle dabei war, die Ente aufzublasen, kam ein älterer Engländer an die Zapfsäule gefahren, schaut mir zu, ließ das Fenster hinunter und sagte mit dieser unvergleichlichen britischen Coolness: „Oh. I presume you're giving your duck a blowjob."

Dieser wirklich geniale Satz hat es leider nicht in die Sendung geschafft.

PETER
MARIA
SCHNURR

CHRISTIAN
LOHSE

TIM
RAVE

TIM
MÄLZER

DIE WELT BESTE PEKINGENTE

Grundidee dieses Rezepts ist das Aufblasen der Ente. Das muss man tun, um die Haut vom Fleisch zu lösen. Als wir dieses schöne Tier für das Bild aufgeblasen haben, fiel mir das folgende Rezept ein. Es ist ziemlich aufwendig – aber es lohnt sich, weil auf diese Weise die Haut richtig knusprig und das Fleisch saftig und schmackhaft wird. Keine Peking-, sondern eine Trettlente.

1 Ente (ca. 3 kg) mit auf die Tankstelle nehmen und dort aufblasen, damit sich die Haut vom Fleisch löst. Die aufgeblasene Ente waschen und trocken tupfen.

Füllung:
130 g Datteln, in 1 cm große Würfel geschnitten
130 g Äpfel (Gala), in 1 cm große Würfel geschnitten
60 g weiße Zwiebeln, in 1 cm große Würfel geschnitten
40 g Frühlingszwiebeln, nur das Grüne, in Streifen geschnitten
20 g frischer Ingwer, gehackt
50 g Sojasauce
2 Lorbeerblätter
Zeste von einer halben Zitrone
10 Pimentkörner
10 Zimtblüten
2 Sternanis

Sud:
1 l Apfelsaft
4 l Wasser
200 g Sojasauce
50 g Ingwer, in Scheiben geschnitten

Würzsauce zum Einreiben:
2 EL Sojasauce
1 EL milder Curry, idealerweise HE Currymischung
1 TL Rote-Bete-Pulver
1 EL Honig

Für die Füllung alle Zutaten vermischen, die Ente damit füllen und Öffnung zusammennähen.

Für den Sud alle Zutaten vermischen und zum Kochen bringen. Die Ente etwa 5 Minuten lang mit dem kochenden Sud übergießen, bis sich die Haut leicht vom Fett löst.

Für die Würzsauce alle Zutaten vermischen und die Ente damit einreiben. Unabgedeckt für 12 Stunden zum Trocknen in den Kühlschrank stellen.

Den Backofen auf 95° C aufheizen. Die Ente auf einen Rost legen und in den Ofen geben, auf 50° C herunterschalten und mit Dampf 30 Minuten ruhen lassen. (Ich habe nie behauptet, dass Kochen einfach ist.) Anschließend die Temperatur auf 175° C erhöhen und die Ente auf der Rückenseite liegend 40 Minuten rösten. Falls die Ente größer ist, die Zeit erhöhen. Wichtig ist, dass der Saft, der sich bildet, aufgefangen und die Ente damit immer wieder bestrichen wird. Dann aus dem Ofen nehmen und noch ca. 40 Minuten ruhen lassen.

Wer ein offenes Feuer zu Hause hat, kann die Ente auch dort zubereiten. Das ist dann freilich Champions League.

Die Versuchung. Wie ich „First Dates"-Moderator wurde

Ich bin gelernter Koch, aber im Grunde meines Herzens bin ich Gastronom. Schon im „Ca's Puers" auf Mallorca und dann während der langen Jahre im „Hangar-7" habe ich mich nicht nur darum gekümmert, dass in der Küche alles klappt, sondern dass der Gast ein gutes Erlebnis hat. Und das beginnt eben bei der Ansprache, die er an der Rezeption erlebt, beim Licht im Restaurant, bei der Musik, die ihn empfängt. Wenn irgendwo im Restaurant etwas staubig war, habe ich das als Erster gesehen. Wenn der Kaffee schlecht war, habe ich es als Erster geschmeckt.

Als ich den Anruf bekommen habe, ob ich „First Dates" machen will, habe ich gezögert (Seite 23). Die Anfrage hat mich verunsichert, weil ich bis dahin ja auch im Fernsehen immer als Koch aufgetreten war. Aber als ich mir Folgen aus England und Australien angeschaut habe, die in einem Restaurant spielen, hatte ich schnell ein gutes Gefühl. Die Rolle, die ich als Moderator der Show übernehmen sollte, war mir vertraut. Ich bin der Gastgeber, und die Menschen, die zu uns kommen, sind unsere Gäste.

Die Produktionsfirma baute in eine leere Halle in Köln ein Restaurant. Wie bei der Neueröffnung eines Lokals war ich von Anfang an mit dabei. Ich durfte über den Barkeeper und das Servicepersonal mitentscheiden. Ich kümmerte mich darum, dass die Möbel stimmen und das richtige Geschirr auf den Tischen steht. Ich wählte das Besteck aus. Ich wählte die Servietten aus. Natürlich konnte ich auch den Küchenchef vorschlagen, der drei Jahre lang bei mir im „Hangar-7" gearbeitet hatte. Am Anfang war noch geplant, dass irgendein Caterer das Essen für unser Restaurant liefert – aber das passte mir nicht. Ich wollte dem Koch sagen können: „Mark, die Spaghetti sind

nicht gut, weil die Soße falsch gekocht ist – mach sie so!" Und dann nicht darüber diskutieren müssen.

Der Koch spricht mich immer noch mit „Chef" an, obwohl wir jetzt Fernsehen machen. Und damit stimmt die Sache: Wir haben keine Kulissen aufgebaut, kein einfaches TV-Set, sondern ein echtes Restaurant. Das ist auch ein wesentlicher Grund für unseren Erfolg: Wir können authentisch sein. Jeder von uns tut, was er kann, und ich kann eben Gastronomie. Daher gehe ich auch vor jedem Dreh durchs Restaurant, überprüfe, ob jeder Teller richtig steht und ob jedes Glas poliert ist. Wenn es nämlich nicht poliert ist, flippe ich aus. Das ist mir in Fleisch und Blut übergegangen, ob ich jetzt Gastronomie mache oder Fernsehen.

Deshalb habe ich auch durchgesetzt, dass jeder von uns sagt: „Wir sind im Restaurant", und nicht: „Wir sind am Set." Ich habe durchgesetzt, dass jeder sagt: „Unsere Gäste stehen vor der Tür", und nicht: „Die Kandidaten sind da." Denn je respektvoller wir mit den Menschen umgehen, die zu uns kommen, desto wohler werden sie sich fühlen – und desto erfolgreicher wird unser Format sein.

Gestartet sind wir kalt. Wir konnten ja keinen Piloten drehen, weil der Aufwand, nur dafür das „First Dates"-Restaurant zu bauen, viel zu groß gewesen wäre. Das Restaurant ist ja mit 25 mehr oder weniger sichtbaren Kameras bestückt, die das ganze Geschehen im Bild haben. Allein die Positionierung war ein logistisches Meisterwerk.

Wir mussten also gleich einmal 70 Folgen drehen, mehr oder weniger im Blindflug, weil die abgedrehten Folgen noch nicht zu sehen waren und es keine Reaktionen darauf gab. Es war tricky, überhaupt genug Gäste für die Show zu bekommen, weil ja niemand sehen konnte, was wir aus den Besuchen machen. Erst als die ersten Folgen im Fernsehen liefen, explodierte unsere Mailbox – und seither können wir aus dem Vollen schöpfen.

Seit damals begrüße ich täglich Menschen, die zu uns kommen, weil sie andere Menschen kennenlernen wollen. Das ist eine wahnsinnig schöne Aufgabe. Natürlich hat die Redaktion im Vorfeld schon ihre Arbeit gemacht und unsere Gäste so ausgewählt, dass es gewisse „Matching Points" gibt. Aber ob es dann funktioniert oder nicht, ist jedes einzelne Mal spannend – du kannst es nie wissen. Und uns interessiert das auch nur bis zum Ende der jeweiligen Sendung, wenn wir die beiden Gäste fragen, ob sie sich wiedersehen wollen. Ja. Oder nein. Alles, was nachher passiert, ist ihre Privatangelegenheit.

Ich erinnere mich an das Schwulenpaar aus der ersten Sendung, weil es da so ein lustiges Missverständnis gab. Wir haben ja einen Topf mit Kresse auf jedem Tisch stehen und eine Schere daneben, damit sich jeder Gast von der Kresse abschneiden kann. Die beiden glaubten aber, dass die Schere für den Brotlaib ist – so hatten wir alle etwas zu lachen, und die Stimmung war sofort total gelöst.

Das ist für mich überhaupt das Wichtigste: die Stimmung. Für diese Stimmung bin ich zuständig. Am Anfang ließ ich mir noch, bevor der neue Gast hereinkam, das Wichtigste per Funk ins Ohr flüstern. Alter, Beruf, Leidenschaften, Matching Points mit seinem Date. Aber ich merkte bald, dass mir das nicht guttut. Ich will ja von den Menschen etwas wissen, und wenn ich es schon weiß, muss ich nur so tun, als ob ich etwas wissen will – aber ich bin kein Schauspieler. Ich kann nur Dinge, bei denen ich authentisch bin. Zum Beispiel kann ich gut zuhören – auch wenn ich manchmal viel quatsche. Und mich interessieren die Geschichten, die mir unsere Gäste erzählen.

Manche Kollegen haben spürbar befremdet reagiert, als ich mit „First Dates" begann. Tim Raue sagte: „Du, Roland? Nachdem du 15 Jahre lang in der Küche deine Leute geschlachtet hast, bringst du jetzt Singles zusammen?" Auch Tim Mälzer war skeptisch und meinte: „Wird eher nicht das Richtige sein."

Die beiden brachten nicht zusammen, dass ich einerseits laut und deutlich meine Meinung sage, wenn mir was nicht passt – aber andererseits eben doch so etwas wie Empathie entwickeln kann, wenn es um andere Menschen geht. Eine Meinung zu haben heißt ja nicht automatisch, keine andere Meinung gelten zu lassen. Und Empathie zu haben bedeutet nicht, zu nichts eine Meinung zu haben.

Wo also ist das Problem?

Schon klar, ich musste viel lernen. Ich musste begreifen, dass meine Meinung – und wie ihr wisst, habe ich zu vielen Dingen eine Meinung – nicht ausschlaggebend dafür ist, wie gut sich unsere Dates verstehen. Zum Beispiel finde ich Schlager scheiße. Aber wenn sich zwei treffen, die zwei Stunden lang von Andrea Berg und Helene Fischer schwärmen können, dann ist es völlig egal, ob ich Schlager mag oder nicht. Und wenn ein Gespräch sehr ruhig und ein bisschen langweilig ist, dann ist ja auch nur für mich langweilig: Für unsere Dates ist es vielleicht das Gespräch ihres Lebens.

Jedes Paar ist zwei Stunden bei uns. Zuerst kommt der eine, dann der andere. Wir plaudern ein bisschen, dann bring ich sie zusammen an den Tisch. Allein das ist schon hochinteressant. Wie die Typen gehen. Wie die Frauen zuhören. Wie Blicke getauscht werden. Wer zuerst zu reden beginnt. Von Achtzehnjährigen bis über Achtzigjährigen haben wir schon alles dagehabt. Von arm bis reich, dick, dünn, groß, klein, Zahnlücken, die schönsten Zähnen, blond, dunkel, schwarz – alles schon da gewesen. Jeder dieser Menschen ist ein Einzelstück – aber in einem sind sie alle gleich: Sie sind Single. Sie sind alle auf der Suche nach einem Partner, mit dem sie ihr Leben teilen wollen. Und das ist enorm emotional.

Deshalb passen wir auch gut auf unsere Gäste auf. Zum Beispiel lassen wir es nicht zu, dass jemand bei der Tür hereinspaziert mit dem Gefühl, endlich seine Bühne zu betreten und auf die Kacke zu hauen. Dem drehen wir buchstäblich den Strom ab.

Aber wo Menschen sind, tun sich auch menschliche Abgründe auf. Einmal ist eine Anwältin gekommen, die hat zwei Stunden lang nur auf ihrem Date herumgehackt. Ich fragte mich natürlich, ob ich einschreiten soll, aber dann entschied ich mich dagegen: Jemand, der sich vor eineinhalb Millionen Zuschauern so benimmt, macht sich eh selbst am besten zur Sau.

Ein anderes Mal saß eine entzückende Frau an der Bar und wartete auf ihr Date. Dann kam einer rein, sah uns, sagte: „Ist das die? Dann brauche ich gar nicht erst reinzukommen." Drehte sich um und ging wieder. Ein richtiges Arschloch. Da war ich natürlich als Psychologe gefragt, ich redete noch lang mit der Frau, die verständlicherweise außer sich war. Ich weiß noch, dass ich die Nacht darauf wach gelegen bin und mir den Kopf zerbrochen habe, wie so etwas passieren konnte. Das muss auch so sein. Denn wenn es dir egal ist, dann bist du der falsche Gastgeber.

Aber grundsätzlich funktioniert das Format sehr gut. Etwa ein Drittel der Paare entscheidet sich dafür, einander wiederzusehen. Und im Juli hat das erste „First Dates"-Paar geheiratet. Ihr könnt mich jetzt für einen Kitschbruder halten – aber für mich ist das ein richtig großer Erfolg. „First Dates" hat mir geholfen, dass ich Menschen besser verstehe. Dass ich die Liebe besser verstehe. Durch „First Dates" habe ich endgültig begriffen, was ich eigentlich eh schon wusste: dass ich ein unfassbares Glück habe, mit einer so wunderbaren Frau verheiratet zu sein.

Es ist eine Reise, die viele Menschen gemeinsam mit mir und meinem Team unternehmen. Zeit, das außergewöhnlich tolle Team kurz vor den Vorhang zu bitten, das „First Dates" erst möglich macht: Ungefähr hundert Mitarbeiter, von den Redakteuren bis zu den Kameraleuten, Cuttern und Helfern im Restaurant: Ihr seid super, ganz große Klasse.

Die Quoten sind sensationell, und immer wieder erzählen mir Menschen, dass sie zwischen sechs und sieben ihr Telefon nicht mehr abheben. Da schauen sie nämlich „First Dates" und wollen nicht dabei gestört werden.

Ich habe mich zwischendurch gefragt, was eigentlich ein größerer Erfolg ist: ein großartiges Gericht, von dem man noch Jahre später träumt, oder das Wunder, zwei Menschen zusammenzubringen, die womöglich ihr Leben miteinander teilen wollen. Einmal hat mich in Köln eine Frau angesprochen und gesagt: „Herr Trettl, gucken Sie mal: Das ist mein Sohn – und das ist seine Freundin. Die sind total glücklich miteinander. Und wissen Sie, wer der Grund dafür ist? Sie!"

So viele gute Knödel kann ich gar nicht kochen, dass Menschen so glücklich werden.

WOHLGEMERKT:

NICHTS GEGEN
GUTE KNÖDEL.
BLÄTTERT
ZURÜCK AUF
SEITE 35,
DANN WISST IHR,
WIE ERNST
ICH DAS MEINE.

Gefühl und Härte. Eine kleine Ode an Tim Raue

Vor Tim Raue habe ich einen Riesenrespekt. Er ist einer der wenigen Gastronomen, die ihren Weg gehen, egal was die anderen sagen. Ein Tim Raue lässt sich nicht beirren. Was er sich vorgenommen hat, zieht er durch.

Wir alle haben gehört, wie hart seine Kindheit war und was das mit ihm gemacht hat, inklusive Drogen und Polizei und schiefer Bahn. Übrigens glaube ich gar nicht, dass es Tim selbst ist, der sich so inszeniert. Es sind eher die Zeitungen, die nicht genug von seiner Geschichte kriegen können.

Aber ganz egal, wie man es betrachtet: Eine Kindheit, wie man sie den eigenen Kindern wünscht, hatte Tim ganz sicher nicht. Wie er das weggesteckt und was er aus seinem Leben gemacht hat – das verdient höchste Anerkennung. Wie gesagt, Riesenrespekt!

Ich mag Tims Küche. Er hat mit seiner Handschrift die deutsche Gastronomiegeschichte umgeschrieben. Auch wenn Christian Bau vielleicht behauptet, dass er die asiatische Fusionsküche nach Deutschland gebracht hat – ich sehe dieses Verdienst viel eher bei Tim Raue. Mit seiner Konsequenz und mit seinem Geschmack hat er es geschafft, eine eigenständige, moderne Küche zu prägen. Du kannst mir zehn Teller hinstellen. Ich werde jeden erkennen, den Tim Raue gekocht und angerichtet hat.

Geschmacklich macht ihm sowieso niemand was vor. Aber ich kenne auch kaum einen Koch, der so organisiert ist, der jeden Arbeitsschritt bis ins Detail durchdacht hat. Ich erinnere mich an ein Event in Stuttgart, wo wir gemeinsam gekocht haben. Da kamen die 50 Gramm schweren Lachsstücke an, die der Fischhändler schon für Tim Raue abgewogen und geschnitten hatte. Tim konnte sie direkt weiterverarbeiten, würzen und aufs Blech legen. Ich hingegen musste die Zwiebelsäcke suchen, damit ich dann mal anfangen konnte, Zwiebeln zu schälen.

Ganz abgesehen davon, dass Tim auch reichlich exzentrisch ist. Er weigert sich zum Beispiel, den Führerschein zu machen. Er fährt jeden Tag mit dem Taxi in die Arbeit. Und er hat permanent Lust, etwas Neues auszuprobieren.

Das klappt deshalb, weil er ein enormes kulinarisches Wissen besitzt. Über chinesische Küche erzählt ihm keiner was, aber er kennt gleichzeitig auch die französische und italienische Küche bis in die kleinste Verästelung. Dazu hat er hochinteressante neue Ideen. Er beschränkt sich nicht auf die Sterne-Gastronomie, sondern macht auch Konzepte für ein breites Publikum, wie die „Soupe populaire". Er betreibt Brasserien in Seniorenresidenzen. Sogar auf dem Schiff habe ich gut bei ihm gegessen. Kein anderer hat in Deutschland einen so weiten kulinarischen Horizont und so ein Umsetzungsvermögen.

Ich lernte Tim kennen, als ich ihn 2009 als Gastkoch in den „Hangar-7" einlud. Ehrlich gesagt, war ich ein bisschen nervös. Ich hatte schon einiges über Tim Raue gehört, was mich ein bisschen einschüchterte. Dass er ein loses Mundwerk hat. Dass er, wenn nötig, auch mal hinlangt und einen, der ihm blöd kommt, auf die Bretter schickt. Ich ließ ihm trotzdem unsere förmliche Einladung zukommen, denn es war klar, dass er mit seinem kulinarischen Profil in den „Hangar-7" passt. Aber ich hätte mich nicht gewundert, wenn Tim die Einladung ungelesen in den Pizzaofen steckt und damit das Holz anzündet.

Ich war gerade in Hongkong, als das Telefon läutete und Tim Raue am Apparat war. Ich erinnere mich vor allem daran, wie höflich und förmlich er war. Und ich werde nie vergessen, wie er seine Zusage begründete: „Herr Trettl, von Ihnen in den „Hangar-7" eingeladen zu werden, kommt einem Ritterschlag gleich!"

Tim Raue und ich sind inzwischen so gut befreundet, dass er mich bei einer Gelegenheit mal beiseitenahm und sagte:

„Roland, du Arschloch. Ich war ganz schön beleidigt, dass ich in deinem letzten Buch überhaupt nicht vorkomme!"

Das traf mich. Denn auch wenn ich mein erstes Buch „Serviert" sehr mag, ist es doch unverzeihlich, dass Tim Raue darin keinen Auftritt hat. Er ist einer der wenigen Gastronomen, dem es völlig egal ist, ob er polarisiert, wenn er zum Beispiel sagt, dass ihn Regionalität nicht die Bohne interessiert. Ich hab ja selber gern eine Meinung, aber ich bin auch nicht mehr Teil des Geschäfts. Tim ist Teil des Geschäfts und nimmt sich trotzdem kein Blatt vor den Mund. Ich bewundere das sehr, vor allem, weil er manchmal Sachen sagt, die direkt von mir sein könnten: „Lasst mich in Ruhe mit diesem fermentierten Zeug. Plötzlich muss alles fermentiert sein. Schmeckt mir das? Nein. Hat es sonst Vorteile?

Höchstens, dass ich dreimal pro Tag auf der Toilette sitze und meinen Darm entleere."

Es ist ein Vergnügen, mit Tim Raue zu arbeiten. Er mag ein hartes Image haben, aber ich denke, er hat sich zusehends zum Positiven verändert. Über sein Porträt in „Chef's Table" auf Netflix ist er selbst nicht sehr glücklich, weil er da so hart und laut rüberkommt – etwas wird schon dran sein, denn die Kameras filmen ja nichts, was nicht da ist. Eines ist klar: Wenn Tim einmal in Fahrt ist, kann ihn kaum wer einbremsen. Er ist eine Naturgewalt, in jeder Hinsicht.

Aber ich bewundere ihn für andere Dinge, zum Beispiel für seine Intelligenz. Er verwendet zum Beispiel ohne weiteres eine chinesische Bohnenpaste aus dem Glas, wenn sie gut ist – tausend andere Sterne-Gastronomen würden sie selbst machen, weil man das so macht. Tim nicht. Und er hat ein Händchen für Organisation. Er führt seine Betriebe straff, ist aber legendär fair zu seinen Mitarbeitern. Wenn du etwas verbockst, macht er dich zur Sau. Aber wenn du es ausbügelst, sitzt du nach dem Service mit ihm an der Bar und trinkst einen abenteuerlich teuren Wein, den er spendiert.

Das ist übrigens eine Marotte von Tim Raue, die ich nicht verstehe. Dass er nur „große Weine" trinken will. Egal was das Zeug kostet. Ich behaupte sogar: weil das Zeug so viel kostet. Wir waren gerade gemeinsam in Moskau und aßen im „White Rabbit", dem besten Restaurant der Stadt. Auf der Karte stand ein Wodka, das 2-Zentiliter-Glas für stolze 600 Dollar. Und Tim Raue? Ich musste ihn mit Muskelkraft daran hindern, für ein Scheißglas Wodka 600 Dollar auszugeben.

Aber die Szene beschreibt ihn gut. Er ist sehr neugierig. Und er hat einen Schuss.

Willkommen in meinem Buch, Tim Raue.

Warum Kochshows scheiße sind. Und warum ich sie liebe

Es ist ein Wunder, das es Menschen gibt, die sich Kochshows anschauen. Es ist ein Wunder, dass sich Menschen vor den Fernseher setzen und irgendwelchen Kaspern dabei zuschauen, wie sie etwas tun, wovon kein Zuschauer etwas hat.

Ist doch so: Bei einer Tanzshow siehst du, ob jemand gut oder peinlich tanzt. Bei „Sing meinen Song" weißt du, dass mehr oder weniger jeder, der dabei ist, singen kann. Selbst bei „Germany's Next Topmodel" kannst du dir vor dem Fernseher ein Bild davon machen, ob die Girls, die von Heidi Klum gerade zusammengeschissen werden, wirklich hübsch sind oder bloß hergerichtet wie Barbiepuppen.

Bei einer Kochshow aber musst du den Typen glauben, die essen, was sie gerade gekocht haben, und sich gar nicht einkriegen vor lauter Mhmmmm-Mhmmmm und Lecker-Lecker. Und genau dann, wenn du selbst Hunger kriegst, musst du aufstehen und in deiner Küche die Tüte mit den Chips holen, weil du ja keine Zeit zum Kochen gehabt hast, sondern fernsehen musst.

Es besteht da ein erstaunlicher Zusammenhang: Je mehr Kochshows im Fernsehen laufen, desto weniger wird in den Küchen der Zuschauerinnen und Zuschauer gekocht.

Trotzdem funktionieren die meisten Formate, und ich darf mich gar nicht darüber aufregen, weil ich selbst ein Nutznießer dieses Booms war und auf gewisse Weise immer noch bin.

Es gibt gute und schlechte Kochshows. Meistens liegt das nicht nur am Konzept, sondern an den Menschen, die es umsetzen. Ein Regisseur, der nicht gern isst, wird keine gute Kochshow machen. Ein Kameramann, der Veganer ist, wird ein Fleischgericht mit einer gewissen Abscheu ins Bild setzen. Coaches, Kandidaten und Juroren sollten ein Mindestmaß an Ahnung haben, wenn sie übers Essen sprechen, weil Fernsehen am Ende ein brutal ehrliches Medium ist: Du kannst dich auch mit dem besten Gequassel nicht rausreden, wenn dir dein Gericht gerade in der Pfanne verreckt oder die Luft aus dem Soufflé pfeift. Aber selbst wenn du gut kochst und ebenso gut darüber reden kannst, wird deine Show scheiße sein, wenn die Redaktion nicht für frische, schöne Lebensmittel gesorgt hat, die du vor der Kamera verarbeiten kannst. Da ist die Fernsehküche genauso unerbittlich wie die Restaurantküche: Die erste Fehlerquelle ist der Einkauf. Sobald du schlechte Lebensmittel auf dem Tisch hast, wirst du als Fernsehkoch schlecht aussehen.

Ich hatte das Privileg, bei drei der erfolgreichsten Kochshows mitmachen zu dürfen. Bei „The Taste", bei „Kitchen Impossible" und bei „Grill den Profi". Alle drei Formate waren schon erfolgreich, bevor ich dazukam. Mein Verdienst ist also nur, dass ich sie nicht augenblicklich ruiniert habe.

Bei „The Taste" zum Beispiel werden Lebensmittel eingekauft, die besser sind als in den meisten Restaurantküchen. Es ist ein Genuss, damit zu arbeiten – und der Zuschauer sieht das. Der Zuschauer sieht überhaupt alles. Selbst wenn er es nicht genau benennen kann, spürt er zu hundert Prozent, was auf dem Schirm gerade abgeht. Er lässt sich nicht verarschen. Er will Köche sehen, die kochen. Er will keine Köche sehen, die so tun, als ob sie kochen. Wenn er das wollte, könnte man ja Schauspieler hinter den Herd stellen – die sehen sicher besser aus als die meisten von uns Köchen. Aber sie müssten eben spielen, dass sie kochen können, und das interessiert niemanden.

Gleichzeitig sind Fernsehköche natürlich als Entertainer gefragt. Wenn einer zwei Stunden in seinen Topf reinschaut und gar nichts sagt, weil er so aufs Kochen konzentriert ist, wird er als Fernsehkoch wahrscheinlich keine große Karriere machen – selbst wenn in diesem Topf Wahnsinnsgerichte entstehen. Ich muss etwas anbieten: eine Pointe hier, einen witzigen Satz da. Und ich sollte nicht vergessen, wo die Kamera steht, denn wenn sie immer nur meinen Rücken filmt, interessiert das vielleicht meinen Chiropraktiker, aber sonst keinen.

Die Emotionen kommen ganz von allein. Bei einer Folge von „Grill den Profi" habe ich gegen Michael Schulte gekocht, der für Deutschland beim Eurovision Song Contest 2018 immerhin Vierter geworden ist. Sein Coach war Juan Amador, und den beiden ist die Zeit ausgegangen. Bei „Grill den Profi" gibt es ja drei Juroren, denen man je einen Teller hinstellen muss, und das ist sich innerhalb der vorgeschriebenen Zeit nicht mehr ausgegangen. Steffen Henssler, der das Format berühmt gemacht hat („Grill den Henssler"), hätte das wahrscheinlich als Sieg betrachtet, aber mir hat mein Gegner so leid getan, weil er so einen Stress gehabt hatte und trotzdem nicht fertig geworden war, dass ich sagte: „Stell den Teller bitte hin, kein Problem."

Ich will schon gerne gewinnen, wenn ich mich auf eine Auseinandersetzung einlasse.

Aber doch nicht so.

Ein anderes Mal war meine Gegnerin die Schauspielerin Sonja Kirchberger. Sonja ist eine super Köchin, sie hat ja selbst ein Restaurant auf Mallorca. Vor allem in der Pâtisserie macht ihr nicht so schnell jemand was vor, und wir waren in unserem Battle beim Dessert.

Ich war in einer echten Rekordrunde unterwegs, so viele Punkte wie ich hatte bei „Grill den Profi" noch nie jemand einkassiert, und wir mussten gerade aus Kokosnuss und Mango und noch irgendwas unser Dessert machen. Die Regeln sehen ja vor, dass ich die Zutaten live auf Sendung erfahre und spontan ein Gericht kreieren muss. Ich will nicht angeben, aber das ist eigentlich meine allergrößte Stärke. Mein Gegner weiß die Bestandteile schon den ganzen Tag und trainiert sein Gericht gemeinsam mit dem Coach, der selbst ein Spitzenkoch ist.

Hätte ich auch die Dessertrunde gewonnen, hätte ich einen Punkterekord für die Ewigkeit aufgestellt – mit einer Punktezahl, das muss jetzt leider auch gesagt werden, die der Henssler in all den Jahren nie erreicht hat. Ich bin mit meinem Dessert auch schon fertig, da schaue ich hinüber zu Sonja und sehe, dass sie total in der Scheiße steckt: Es war klar, dass sie ihr Dessert nie und nimmer in der vorgeschriebenen Zeit zu den Jurorenplätzen bringt.

Ich habe nicht einmal darüber nachgedacht, dass ich auf diese Weise kampflos gewinne und den Rekord knacke. Ich bin sofort rüber zu ihr und habe ihr geholfen, ihre Teller zu den Jurorenplätzen zu bekommen. Was dann passierte, war sensationell: Sonja gewann mit dem letzten Gang gegen mich (völlig verdient, weil ihr Dessert eindeutig besser war als meines) – und ich hatte innerhalb von vier Minuten 5000 Instagram-Follower mehr, weil denen gefallen hat, dass ich meine Gegnerin nicht blöd sterben lasse.

Es war großartig. Sonja war total happy, ist rumgesprungen und hat mich umarmt. Sie hat gewonnen, aber ich war der Sieger der Herzen – jedenfalls ihres Herzens.

Ich hatte das Glück, dass ich mich nie aktiv darum bemühen musste, ins Fernsehen zu kommen. Ein erster Gastauftritt bei „The Taste", dann wurde ich schon für „Kitchen Impossible" gecastet – das insgesamt natürlich das geilste Kochformat ist, das derzeit im Fernsehen läuft (Seite 75). Und weil ich mich dabei nicht ganz blöd angestellt habe, lief nachher eh alles von allein, und ich musste nur noch das Telefon abheben. Aber die Grundlage für meinen Erfolg im Fernsehen ist ohne jeden Zweifel die unerklärliche Lust der Zuschauer, uns Kaspern dabei zuzuschauen, wie wir etwas kochen, was sie nie kosten werden. Ich kann dafür nur danke sagen.

DIE DREI WELTBESTEN VINAIGRETTES

Die Vinaigrette ist für den Salat, was ein perfektes Parfum für den Menschen ist. Wenn ein schöner, gepflegter Mensch ein paar Tropfen des genau passenden Parfums aufträgt, dann wird er unwiderstehlich – das gilt auch für den Salat. Weil eine Vinaigrette natürlich zu wenig ist, bekommt ihr hier gleich drei. Eine asiatisch, die zweite eine Resteverwertung, die dritte ziemlich klassisch.

Asia-Vinaigrette
70 g Limettensaft
40 g Sojasauce
5 g Ingwer, frisch gerieben
1 g Koriander, frisch klein geschnitten
25 g weißer Balsamico
10 g Sesamöl
40 g Olivenöl
40 g Öl
30 g Reissirup

Meerrettich-Joghurt-Vinaigrette
25 g Kapern, gehackt
10 g Meerrettich
40 g Weißweinessig
50 g Joghurt
40 g Olivenöl
100 g Salatblätter

Klassische Vinaigrette
140 g weißer Balsamico
140 g Sherry-Essig
50 g Honig
40 g Senf
40 g Kürbiskernöl
220 g Olivenöl
160 g Zwiebeln, fein gewürfelt
1 TL Fenchelsamen, im Mörser zerkleinert
1 Knoblauchzehe, fein gewürfelt

Für die Asia-Vinaigrette alle Zutaten miteinander in eine Flasche geben und vor Gebrauch schütteln.

Für die Meerrettich-Joghurt-Vinaigrette Salatblätter im Entsafter entsaften. Alle Zutaten miteinander in eine Flasche geben und vor Gebrauch schütteln.

Für die Klassische Vinaigrette alle Zutaten miteinander in eine Flasche geben und vor Gebrauch schütteln.

Alle meine Freunde: Mein Leben in den sozialen Medien

Ich bin ein Freund der sozialen Medien. Es ist ja nicht so, dass ich einen Mangel an Öffentlichkeit habe, aber die sozialen Medien – speziell mein Instagram-Account – ermöglichen mir, Dinge zu zeigen, kritisch zu sein, Meinungen zu äußern, wann immer ich es will. Oft sind das Kleinigkeiten, oft irgendwelche lustigen Momente, in die ich hineinstolpere, manchmal auch grundsätzliche Sachen, die ich loswerden will – wenn ich da warten muss, bis mich ein Journalist von der „Bild"-Zeitung anruft, habe ich alles schon längst wieder vergessen.

Ein wichtiges Thema für mich ist zum Beispiel die Beziehung zu meiner Frau. Ich bin so stolz auf meine Frau, dass ich will, dass die ganze Welt sie sieht. Natürlich frage ich sie, ob sie einverstanden ist, in meinen Posts vorzukommen, und wenn ja, dann finde ich es richtig, sie zu zeigen. Schließlich ist sie der wichtigste Mensch in meinem Leben (abgesehen von unserem Sohn; den hingegen zeige ich nicht, weil er noch nicht selbst entscheiden kann, ob er das will).

Es gab sogenannte Social-Media-Experten, die mir den Rat gaben, mich als Single zu präsentieren. Das sei gut für die weiblichen Follower.

Kam natürlich nicht eine Sekunde in Frage für mich. Ich verwende meinen Account ja nur dafür, um meinen Followern mein richtiges Leben zu zeigen. Das Essen, das ich koche. Die Menschen, mit denen ich mich treffe. Die Peinlichkeiten, die mir unterlaufen.

Als mir zum Beispiel beim Kochen zu Hause ein wunderschöner Schweinebauch angebrannt ist, habe ich sofort das Handy geholt und das Dokument meines Scheiterns gepostet. Muss unbedingt sein, ich habe nicht das geringste Interesse daran, mich irgendwie als Supertrettl zu präsentieren. Und ich sehe ja an den Reaktionen, dass es den Leuten riesig Spaß macht, einem Typen, der sonst immer nur die Klappe aufreißt, dabei zuzusehen, wie er selbst auf die Fresse kriegt.

Klar, es gibt Kollegen, die ihre Instagram-Accounts von Agenturen befüllen lassen. Das kommt für mich nicht in Frage, da höre ich lieber ganz mit den sozialen Medien auf. Ich bin kein Stratege, ich folge mit meinen Posts ganz allein meinem Gefühl. Ich habe keine Ahnung, um welche Uhrzeit man ein Bild postet, um maximale Reichweiten zu erzielen, oder welchen Content Frauen lieber mögen als Männer und umgekehrt.

Erstaunlicherweise sehe ich in den Statistiken, dass mein Publikum – auf Instagram sind es 170.000 Follower, Tendenz steigend – zu 70 Prozent aus Frauen besteht, auch wenn ich ganz oft meine Frau zeige. Eigentlich müsste das doch mehr Männer interessieren, oder was?

Also denke ich mir, ich muss was für meine männlichen Follower tun, und mache ein paar Events, wo fast nur Männer sind. Was passiert? Nach dem Essen holen sich die Typen Autogramme bei mir ab – für ihre Frauen. Dann denke ich mir: Alles richtig gemacht. Frauen mögen mich, und Männer kommen zu mir, um ihren Frauen damit einen Gefallen zu machen. Ich nenne das eine Win-win-Situation.

Ich schau mir Instagram ja selbst sehr gern an. Am liebsten hab ich Tiere. Tiere, die frei herumlaufen, und Tiere auf dem Teller. Beide verstellen sich nicht. Aber sobald irgendwer beginnt, sich oder sein Leben nur von den schönsten Seiten zu zeigen, steige ich sofort aus. Das langweilt mich. Ich möchte schmunzeln können. Ich möchte mich auch einmal ärgern oder den Kopf schütteln können. Typen, die nie polarisieren, gehen mir auf die Eier. Und so gehe ich halt auch mit meinem eigenen Account um.

Natürlich birgt das auch Gefahren. Ab einer gewissen Größe des Accounts – siehe Donald Trump – brauchst du die Presse nicht mehr, sondern bist selbst die Presse. Da kann es dann auch schnell einmal passieren, dass du glaubst, du bist die coolste Socke weltweit und rechts und links von dir sind nur Armleuchter. Das ist allerdings ein Denkfehler, denn die ganzen Menschen, denen du am Arsch vorbei- oder auf die Nerven gehst, folgen dir ja nicht.

Natürlich – ich gebe es ehrlich zu – habe ich schon ein Auge darauf, was meine Kollegen aus dem Fernsehen so machen, Social-Media-mäßig. Zum Beispiel machte ich mir doch glatt eine kleine Flasche Rotkäppchen-Sekt auf, als ich vor eineinhalb Jahren auf Instagram einen gewissen Frank Rosin überholte, der ein Jahr davor mit seinen Followern für mich noch völlig unerreichbar gewesen war. Das war geil. Gemeinsam strebten wir dem hunderttausendsten Instagram-Follower entgegen, und es wird euch nicht überraschen, dass am Ende ich es war, der ihn zuerst bekam. Ich bin mir – Prost, Frank, ich liebe dich auch! – ziemlich sicher, dass ihm das ziemlich weh getan hat.

Frank füttert die sozialen Medien unablässig, für meinen Geschmack viel zu viel. Ich hätte Angst, dass ich den Leuten auf den Wecker gehe mit so viel Zeug. Und mein Weg gibt mir recht. Vor einem Jahr hatte ich noch 85.000 Follower, heute sind es mehr als doppelt so viele.

Ans Geld habe ich dabei noch nie gedacht. Irgendwann rief mich meine Agentur an und sagte: „Wir haben da eine Anfrage. Für einen Post. Frank Rosin kocht in der Deutschen Bahn. Magst du dazu einen Post absetzen?"

Ich dachte nach. Mit der Bahn fahre ich sowieso. Frank Rosin mag ich (vor allem, seit ich mehr Instagram-Follower habe als er). Instagram mag ich sowieso. Ich zählte also eins plus eins plus eins zusammen und dachte mir, warum nicht.

PLATTFORMEN SIND DAZU DA, GENÜTZT ZU WERDEN.

Bezahlte Einschaltung: Für wen ich Werbung mache. Und für wen nicht

Prominenz zahlt sich aus. Ich gebe das gern zu. Spätestens seit meine Fresse regelmäßig im Fernsehen ist, trudeln bei mir Anfragen ein, ob ich nicht für das eine oder das andere Werbung machen will.

Warum mache ich Werbung? Überraschung: weil der finanzielle Aspekt interessant ist. Für keine Arbeit der Welt gibt es einen so guten Stundenlohn, wie wenn ich für ein paar Fotos in ein Studio gehe und daraus entsteht eine Werbekampagne, mit der ich eigentlich nichts mehr zu tun habe – außer dass mir von irgendwo das eigene Gesicht entgegenlacht.

Klar gibt es auch Anfragen von Freunden oder Wohltätigkeitsvereinen, für die man dann gern etwas macht. Aber, so ehrlich muss man schon sein, echte Werbung macht man vor allem, um damit Geld zu verdienen.

Das heißt natürlich nicht, dass ich alles mache. Meine Frau und ich schauen uns alle Angebote, die hereinkommen, sehr kritisch an und stellen die Frage: Passt das Label zu mir? Passt das Produkt zu mir? Ist es okay, wenn mein Name mit dieser Marke und diesem Produkt in einem Atemzug genannt wird?

Ein konkretes Beispiel, nichts besonders Großes, aber doch bezeichnend dafür, wie ich meine Entscheidungen treffe. Ich bekam eine Anfrage von Milka. Nicht etwa für eine große Kampagne, sondern für einen oder zwei Instagram-Posts. Dafür, dass ich nichts anderes zu tun hatte, als mit einer Tafel Milka ein Foto zu machen und das auf Instagram zu posten, sehr gut bezahlt. Außerdem versprach mir der Marketingmann von Milka, dass ich eine Europalette mit Milka-Schokolade nach Hause geliefert bekomme.

Ich habe eine gute Methode, um in solchen Momenten zu einer Entscheidung zu kommen. Ich stelle mir vor, was ich tun würde, wenn ich zwanzig Millionen Euro auf dem Konto hätte. Aber selbst für einen zwanzigfachen Millionär fühlte es sich gut an, eine Palette mit Milka-Tafeln nach Hause geliefert zu bekommen. Also sagte ich ja.

Der Post erschien, viele meiner Follower fanden ihn gut, viele fanden ihn aber auch scheiße: warum ich ausgerechnet für ein ungesundes Industrieprodukt Werbung machen muss.

Relativ klare Antwort: weil mich die kleine, großartige Schokoladenmanufaktur, die eine Schokolade macht, die feiner und besser und fairer und was-weiß-ich-wie-bio ist, nicht gefragt hat. Hätte ich sicher lieber gemacht, stand aber nicht zu Debatte.

Ob ich mich nicht schäme, fragte mich eine enttäuschte Followerin.

Oh nein, schämen muss ich mich für diesen Post sicher nicht. Denn auch wenn Milka-Schokoladen keine Pralinen aus edelsten Bestandteilen sind, mag ich sie trotzdem. Manchmal, wenn ich mit dem Auto unterwegs bin und an der Raststätte anhalte, nehme ich mir eine mit, und manchmal bekommt sogar mein Patenkind seine Milka-Schokolade. Es gibt eine ganze

Reihe von industriell gemachten „Lebensmitteln" – ich setze den Begriff hier mit Absicht in Anführungszeichen –, die ich wirklich verabscheue und, bester Gradmesser, meinem Sohn voller Überzeugung verbiete. Milka-Schokoladen gehören nicht dazu.

Und ja: Ich weiß, dass der Verzehr einer Palette Milka-Schokolade nicht gesund ist. Ich weiß auch, dass die Schokolade nicht von allerhöchster Qualität ist, aber sie ist immerhin so okay, dass ich manchmal Lust darauf habe. Und warum soll ich übrigens – nur weil ich dreißig Jahre in den besten Küchen der Welt gearbeitet habe – nicht manchmal Lust auf etwas Schnelles, Gewöhnliches haben? Ehrlich, ich kenne keinen einzigen Spitzenkoch, der immer nur sein Biogemüse isst, sondern manchmal auch irgendeinen Trash reinhaut – und zwar mit Genuss.

Und ja, ich habe auch gewusst, dass ich einen Shitstorm kassieren werde, wenn ich mit dem Milka-Post rausgehe. Aber ich habe mir gedacht, ich lasse mich davon nicht beeindrucken, weil ich ja nicht mein ganzes Leben lang nur die Dinge machen kann, die Menschen von mir erwarten. Damit werde ich nicht glücklich werden, ganz abgesehen davon, dass jede und jeder etwas ganz anderes von mir erwarten.

Klare Antwort auf die Frage: Würdest du den Milka-Post wieder machen? **JA.**

Natürlich heißt die Milka-Geschichte nicht, dass ich plötzlich alles mache, was so reinkommt. Ganz im Gegenteil. Ich lehne ungefähr 90 Prozent aller Anfragen, die direkt oder über mein Management zu mir kommen, ab. Ich habe auch schon sehr lukrative Dinge abgelehnt, Dinge, bei denen Summen im Raum standen, für die ein Koch ein paar Jahre lang täglich in der Küche stehen muss, Plattfüße kriegt, sich die Finger verbrennt und nie die Sonne sieht.

Es war das Angebot einer Imbisskette, die sich auf Fisch spezialisiert hat. Mein Aufwand hätte maximal eineinhalb Tage betragen – plus die Folter, dass ich meine Fresse und eines dieser

Fischbrötchen überall sehen müsste. Auch hier habe ich den 20-Millionen-Test gemacht, und das Ergebnis war klar. Mach's, wenn dir die Brötchen schmecken. Mach's nicht, wenn du sie nicht essen magst.

Ich muss zugeben, dass ich sogar versucht habe, mich selbst ein bisschen zu überlisten. Einfach, weil die Summe so hoch war. Deshalb habe ich zu Hause gewartet, bis ich einen Bärenhunger hatte, einen solchen Hunger, dass ich wahrscheinlich nicht einmal einem Burgerladen hätte widerstehen können. Dann fuhr ich in die Stadt, ging in einen Imbiss dieser Kette und checkte aus, was ich aus dem Angebot essen mag.

Das Ergebnis war doppelt traurig. Erstens kriegte ich nichts zu essen, weil ich einfach nichts von dem, was da in der Vitrine lag, anrühren wollte, geschweige denn in den Mund stecken. Zweitens kostete es mich eine Stange Geld, denn das war klar: Wenn ich total hungrig bin und nicht mal dann etwas davon essen will, dann kann ich auch keine Werbung dafür machen, dass andere das Zeug essen sollen. Ich sagte ab.

Ich sagte auch ab, als ich eine Currywurst für eine Kaufhauskette kreieren sollte. Ich sagte ab, als mich große deutsche Diskonter als Testimonial für irgendwelche Angebote haben wollten. Ich redete mit anderen Fernsehköchen darüber, und die griffen sich an den Kopf, was ich alles nicht mache – und ich habe mit Vergnügen beobachtet, wer sich dann die Aufträge gekrallt hat, die ich ausgeschlagen hatte. Ihr würdet staunen.

Die Partnerschaften, die ich eingegangen bin, lebe ich freilich sehr gerne. Ich bin Markenbotschafter für Outdoorchef, diesen genialen Gaskugelgrill aus der Schweiz. Ich habe eine Partnerschaft für Kaffee und speziell aufbereitetes Wasser. Und mit dem weltgrößten Kantinenbetreiber Sodexo, für den ich vegetarisch-vegane Gerichte entwickle und dessen Markenbotschafter ich bin.

Daneben kommen halt auch andere Dinge rein. Jetzt habe ich gerade einen Post für einen Bioreis aus Indien gemacht: Rii Jii. Den habe ich mir erst schicken lassen und ausprobiert –

genauso wie bei der Milka-Schokolade. Ich schaue mir alle Informationen ganz genau an, probiere den Reis, dann probiert ihn meine Frau. Und wenn wir ihn beide als gut empfinden, dann mache ich es.

In einer Beziehung habe ich Glück gehabt: Bis jetzt stand noch nie eine Summe im Raum, bei der auch ein zwanzigfacher Millionär „Oha!" sagt. Wenn ich ganz ehrlich sein soll: Ich habe ein bisschen Angst davor. Ich weiß: Es kann sein, dass ich dann schwach werde.

Zum Glück weiß ich aber auch, dass jede Entscheidung, die ich treffe, auch die Zustimmung meiner Frau braucht. Wenn sie dann der Meinung ist, ich schade uns damit, würde sie bei jeder Summe kühl sagen: „Das machst du nicht, Bursche!"

Sie hat eben mehr Charakter als ich. Sie würde lieber mit unserem Sohn und mir in einer 35-Quadratmeter-Wohnung leben als irgendwas okay zu finden, was nicht okay ist.

Ein Gedanke noch, weil er in diesem Zusammenhang wichtig ist: Bei mir läuft es im Moment ganz super. Ich stehe auf Jahre hinaus bei VOX unter Vertrag. Ich kann es mir leisten, lukrative Angebote abzulehnen. Ich bin sehr froh und dankbar, nicht in einer Situation zu stecken, in der vielleicht gerade ein paar Verträge auslaufen und nicht erneuert werden – und gerade in dieser Phase, wo ich nicht weiß, wie's weitergehen soll, steht Ronald McDonald mit einen Werbevertrag mit vielen Nullen vor der Tür.

Keine Ahnung, ob ich mir dann auf die Zunge beiße, weil ich Alfons Schuhbeck (den ich ja für vieles andere respektiere) und Toni Mörwald (den ich zu wenig kenne, um ihn respektieren zu können) in meinem letzten Buch so streng dafür kritisiert habe, dass sie für McDonald's werben, Inzwischen habe ich übrigens gesehen, dass auch mein Held Dani García mit diesem Burgerbrater zusammenarbeitet. Hmm.

Tatsache ist, dass selbst in so heiklen Situationen nur das eigene Gefühl entscheiden kann. Die Menschen, die sich aufregen, weil der Trettl dies oder das macht, sind mir scheißegal. Wichtig ist nur, wie ich selbst mich fühle. Wichtig ist, ob ich mit dem, was ich mache, im Reinen bin oder nicht. Was nützt es mir, wenn alle „Super!" sagen, aber ich selbst mich beschissen fühle?

DA IST MIR LIEBER, WENN ALLE SAGEN: „ES IST SCHEISSE, WAS DU MACHST", ABER ICH FÜHLE MICH GUT.

DIE WELTBESTE FREGOLA SARDA MIT FRISCHEN ERBSEN

Die Fregola wirkt wie eine Variante eines Risottogerichts, dabei ist sie ein Pastagericht. Sie besteht aus Hartweizengries, der geröstet wird. Ein schönes, unverkünsteltes Pastagericht, für das du nicht mehr brauchst als einen Löffel, damit du einfach reinhauen kannst. Vielleicht erinnerst du dich daran zurück, wie du als Baby deinen Lieblingsbrei gefuttert hast.

Für die Fregola Sarda mit Erbsen:
300 g frische Erbsen
230 g Fregola Sarda
30 g Butter
30 g rote Zwiebel, in feine Würfel geschnitten
50 g Pancetta, in feine Würfel geschnitten
Muskatnuss, fein gerieben (nach Gefühl und Geschmack)
Eine elegante schwarze Pfeffermischung, idealerweise Pfeffermischung Schwarzes Gold
Pyramidensalz oder Meersalzflocken
½ TL Umami Gewürzzubereitung (nach Belieben)

Zum Anrichten:
30 g Butter, in kleinen Stücken
30 g Parmesan, fein gerieben

Die Erbsen aus den Schoten lösen. Die Erbenschoten waschen und in den Entsafter geben, beim Entsaften entsteht ca. 290 Milliliter Saft.

Die Fregola Sarda in Salzwasser ca. 7 Minuten kochen, danach abseihen, etwas Kochwasser aufbewahren.

Butter in einer Pfanne schmelzen, Zwiebel und Pancetta darin glasig dünsten. Den Erbsensaft, die Fregola und die Erbsen dazugeben und bei niederer Hitze fertig schmoren (ca. 8 Minuten). Falls die Fregola zu trocken wird, noch etwas Kochwasser zufügen. Das Gericht muss cremig wie ein perfekter Risotto sein. Alles gut würzen.

Zum Anrichten die Butter und den Parmesan gut unterrühren, sofort servieren.

Meine Rache am Fleischidioten und seinen 20 Millionen Followern

Franck Ribéry ist ein begnadeter Fußballer mit ein paar Fehlern. Erster Fehler: dass er fast seine ganze Karriere dem FC Bayern gewidmet hat. Zweiter Fehler: dass er offenbar nicht viel mehr in seinem Kopf hat als der Ball, mit dem er jongliert.

Ihr wisst, worauf ich hinauswill. Da gibt es auf der einen Seite den Fußballer, der nichts im Kopf hat, und auf der anderen Seite gibt es diesen türkischen Koch- und Metzgerdarsteller in Dubai, der megaschlau ist und gerafft hat, wie man auf die denkbar einfachste Weise zum Star wird: indem man anderen Stars ein Stück Fleisch verkauft, das man mit Blattgold zukleistert, sich dabei fotografieren lässt und sukzessive selbst zum Star wird. Der Typ hat mehr als zwanzig Millionen Follower auf Instagram. Das gelingt dir nicht so einfach, wenn du nicht ein klares Konzept hast und die Leute mitnimmst.

Allein wie der Typ dasteht, wenn er sein Steak serviert und aufschneidet. Als hätte er sich in die Hosen geschissen. Und wie er das Fleisch behandelt. Wie respektlos er es auf die Küchenplatten schmeißt. Was für ein Idiotengesicht er dazu macht mit seinen Sonnenbrillen und der Zuhälterfrisur. Wie er es schafft, dass ihn viele Menschen, die arm im Geist, aber trotzdem reich sind, für einen Starkoch halten, dem sie gerne ein Stück Fleisch für tausend Euro abkaufen. Und wie gekonnt er dann auch noch mit den Emotionen von allen anderen spielt, die den Idioten in ihm erkennen, es aber nicht dabei belassen und ihn einfach vergessen, wie es ihm eigentlich zusteht – sondern sich ärgern und sogar noch ihre Zeit damit vergeuden, sich Gedanken über ihn zu machen, ihn in ihr Buch aufzunehmen und dafür zu sorgen, dass noch ein paar tausend Leute neugierig werden und sich seinen Instagram-Account anschauen.

Ich gebe in aller Form zu: Ich bin selbst der Oberidiot, weil ich mich ärgere. Aber ich wäre nicht ich, würde mich der Typ nicht aufregen. Nur: Warum rege ich mich auf? Weil er dem Lebensmittel Fleisch gegenüber so respektlos ist, dass er es angreift wie ein Stück Scheiße? Dass er so schlau ist und die Tatsache ausnützt, dass es auf der Welt so viele reiche Idioten gibt, die ihn erfolgreich machen?

Was genau regt mich auf? Ist er mir etwa ähnlich? Regt mich das am meisten auf? Wenn ich den sehe, würde ich ihm am liebsten genauso eine klatschen, wie er seinen Rinderfilets eine klatscht. Das ist der erste Gedanke, der mir durch den Kopf geht. Und im selben Augenblick denke ich mir: Was für ein Genie. Der nützt einfach solche Vollpfosten wie den Ribéry aus und macht daraus einen Marketing-Gag, über den wir ein Jahr später immer noch reden.

ABER RACHE IST
 BLUTWURST:
ICH NENNE SEINEN
NAMEN NICHT.

Meine kulinarischen Albträume. Sushi mit Gummi-bären und immer wieder Veganer

Manchmal habe ich Albträume. Zum Beispiel träume ich, dass ich wieder angefangen habe zu rauchen. Dann sehe ich mich selbst, wie ich nach der Schachtel mit den Marlboro Lights fingere und mir die nächste anstecke. Das Gefühl ist sofort wieder da, wie es mir schwerfällt, die Treppe hochzukommen, weil mich drei Pakete Zigaretten so kurzatmig gemacht haben wie Tim Mälzer, wenn er nicht reden, sondern Stiegen steigen muss.
Ich habe vor fast zehn Jahren aufgehört zu rauchen. Aber das Gefühl der Abhängigkeit ist immer noch da, auch wenn ich es schaffte, vom einen auf den anderen Tag aufzuhören.

Ich habe auch einmal geträumt, dass ich ein Sushi-Meister bin. Ein echter, alter Sushi-Meister wie der berühmte Jiro Ono mit seinem Schildkrötengesicht und der erbitterten Leidenschaft für das perfekte Nigiri. Ein perfektes Nigiri: Das heißt, wunderbarer Reis, lang gewaschen, richtig gekocht, einfühlsam gesäuert, angenehm temperiert. Jedes Reiskorn ist unverletzt und hat einen magischen Glanz, der es dafür qualifiziert, dass der Meister – also ich – es aus dem Topf nimmt und zu einem Nigiri formt. Das Nigiri wird jetzt mit einem Hauch Wasabi zärtlich bestrichen und mit einem Stück Fisch belegt, das es besser nirgends auf der Welt geben kann als auf dem Fischmarkt von Tokio, wo ich es persönlich eingekauft habe.

Ich bereite dieses perfekte Nigiri vor, als die Tür zu meinem Laden auffliegt und ein paar Typen kommen herein, die verdächtig wie deutsche Fernsehköche aussehen. Und sie sagen: „Hey, Kumpel, haste mal 'ne California Roll?"

Schweißüberströmt wache ich auf, weil ich mit meinem scharfen Fischmesser gerade ein Gemetzel angerichtet habe. Aber ich bin zu Hause, alles in Ordnung, ich muss nur schnell in die Küche gehen und ein paar Sardinen essen, sonst komme ich nicht durch die Nacht.

Ich schwöre, ich habe diesen Alptraum auch schon andersrum gehabt. Wieder bin ich ein Sushi-Meister, aber kein alter mit einem Schildkrötenkopf, sondern einer, der einem Fernsehkoch zum Verwechseln ähnlich sieht und Rolls macht, die er zwei-, dreimal einwickelt und mit verschiedenen Mayonnaisen bespritzt. Vielleicht nimmt er auch Salzbrezeln, Smarties und Gummibärchen dazu. Als die Tür aufgeht, kommt aber niemand herein, der ein Blutbad anrichten möchte, sondern die hippste Crowd meiner Stadt, und alle können gar nicht genug kriegen von meinen unglaublich kreativen Rolls mit bunten Saucen, und sie feiern mich und das Fernsehen ist da, und ich denke mir: Geil. Ich kann wirklich jeden verarschen und keiner merkt es. Als ich aufwache, schäme ich mich gerade so, dass mir die Tränen in den Augen stehen.

Ich träume, dass ich Mitglied der „Healthy Boy Band" bin, neben Lukas Mraz, Felix Schellhorn und Philip Rachinger und mit

Sonnenbrillen, schlechten Tätowierungen und Birkenstock-Sandalen auf Showbühnen herumwackle, Bier in der Hand, Wampe über der Turnhose, und mich benehme wie der letzte Idiot, nur damit irgendwer über mich lacht oder sich über mich aufregt. Ich verfüttere Glutamat an Fine Dining-Gäste, verarsche jeden Reporter und mache einen auf cool, dass selbst meine besten Freunde nicht mehr wissen, ob sie mich cool oder doof finden sollen.

Ich wache auf. Atme tief durch. Ommm. Zum Glück bin ich kein Healthy Boy. Atme regelmäßig, bis ich nicht mehr genau weiß, ob ich noch wach bin oder schon wieder träume. Denn eigentlich, sickert es langsam bei mir ein, war ich doch mein ganzes Leben lang so einer, mit roten Haaren, Schlangenlederstiefeln, schlechter Tätowierung. Die Healthy Boy Band – das bin doch ich …

Dann dieser Alptraum, dass ich im Schlaf zum Veganer wurde. Ein richtig böser Veganer, der seine Fresse nicht halten kann, wenn er irgendwo jemanden mit einer Wurstsemmel sieht oder mit ein paar Würstchen. Ich gehe zum Typen mit der Wurstsemmel und kläre ihn darüber auf, dass er Leben auf dem Gewissen hat. Ich gehe zum Typen mit den Würstchen und setze ihn darüber in Kenntnis, dass er für die Klimakatastrophe verantwortlich ist. Selbst als ich ein hübsches Mädchen sehe, das mit einem Bambuslöffel eine Avocado auslöffelt, erkläre ich ihr zur Sicherheit, dass man bei Avocados nicht sicher sein kann, dass sie wirklich vegan sind, weil wegen ihnen Bienenvölker umgesiedelt werden, um die Pflanzen zu bestäuben.

Ich träume, dass ich nach Berlin fahre, wo mich Attila Hildmann mit seinem Porsche vom Bahnhof abholt – der Porsche hat selbstverständlich keine Ledersitze –, dann fahren wir durch die Stadt, mischen Dönerbuden auf und holen uns nach getaner Arbeit im Bioladen ein paar Tofuwürstchen. Ich träume, dass ich jedem Moskito, der mich sticht, die andere Wange hinhalte, dass mein Hund nur mehr Styroporreste bekommt, damit er nicht mehr auf die Idee kommt, an einem Knochen zu nagen, dann fahre ich meinen Sohn zur Schule und kontrolliere, ob der Geburtstagskuchen seines besten Freundes nicht etwa mit Eiern oder Butter gemacht ist.

Nach diesem Triumph pisse ich in den sozialen Netzwerken jedem ans Bein, der seine Lederjacke nicht verschrottet hat, und erst nachdem ich der Welt mitgeteilt habe, dass niemand anderer sie retten kann als ich, wache ich auf, zwei Petersilienbünde in den Ohren – und bin so was von glücklich, dass ich nicht mehr rauche, kein Sushi-Meister bin – und kein Veganer.

Ich gehe in die Küche und mache mir ein Carpaccio, auf das ich eine dicke Schicht Bolognese packe, die ich mit Speck garniere.

Was man halt so träumt, wenn man ich ist.

Zehn kulinarische Konzepte, die ich liebe (und die ich gerne selbst erfunden hätte)

+3

Plachutta, Wien. Ich kenne keinen Gastronomen, der so eine Klasse hat, so eine Menschlichkeit und so einen fantastischen Umgang mit seinen Mitarbeitern pflegt (und ich bitte zu beherzigen, dass ich dabei ausschließlich von Ewald Plachutta, dem „Alten", spreche, dessen Wirkung weit über seine Dynastie hinausreicht). Er hat sich mit größter Intelligenz ein Imperium aufgebaut. Die Wiener Rindfleischküche wurde erst durch Plachutta definiert und zu einem Wert, den jeder Wien-Besucher schätzt. Kulinarische Touristen grasen in der Regel ein paar Sterne-Restaurants ab, aber einmal gehen sie zum Plachutta, weil sie etwas richtig Wienerisches essen wollen. Und ganz nebenbei ist der Plachutta in einer Zeit, in der zu Hause nicht mehr regelmäßig gekocht wird, zu einem Wächter der Wiener Traditionen geworden. Hut ab vor dieser Lebensleistung.

Do & Co, international. An Attila Dogudan gefällt mir, dass er den Größenwahn zu seinem Geschäftskonzept gemacht hat. Wahrscheinlich musst du auch größenwahnsinnig sein, wenn du in der ganzen Welt Catering von einer absoluten Topqualität machst, was einer unfassbaren Logistik bedarf und eines genialen Händchens bei der Auswahl deiner Mitarbeiter. Er hat es hingekriegt, eine unglaublich internationale Küche – von Sushi bis Uruguay Beef – völlig selbstverständlich zu machen und zehntausende Menschen täglich zu verpflegen. Wenn ich daran denke, wie manche Drei-Sterne-Küchen ins Schwimmen kommen, wenn sie 22 Gäste bekochen müssen, dann ziehe ich vor Attila Dogudan erst recht den Hut.

Eckart Witzigmann, München. Ich muss nicht noch einmal herunterbeten, dass ich alles, was ich kulinarisch weiß, zuerst beim Chef gelernt habe. Er hat in den frühen Siebzigerjahren, als Deutschland eine kulinarische Wüste war, die Hochküche neu erfunden. 1971 das „Tantris" eröffnet, zwei Sterne. 1978 die Aubergine eröffnet, 1979 drei Sterne – zu einer Zeit, als der Michelin noch ein echter Maßstab war. Er hat das Land zum ersten Mal auf der gastronomischen Landkarte platziert. Sein Qualitätsbewusstsein ist noch heute ein Maßstab, und ich wundere mich immer noch, wie er es geschafft hat, all die Lebensmittel wie Hummer, Steinbutt, Taube, aber auch unzählige Gewürze, Käse, Gemüsesorten überhaupt zu kennen. Heute mag das selbstverständlich sein, damals musstest du ein Detektiv sein, wenn du in Deutschland etwas anderes als Presssack oder Knödel essen wolltest. Nicht zu vergessen Eckart Witzigmanns geniales Werk an Kochbüchern – mit Rezepten, bei denen du hundertprozentig sicher sein kannst, dass etwas Besonderes dabei rauskommt.

Dieter Müller, Motel One. Als jemand, der viel reist, habe ich eine Schwäche für Konzepte, auf die ich mich verlassen kann. Klar steige ich manchmal gern im besten Haus am Platz ab. Aber oft, wenn ich geschäftlich auf Reisen bin, brauche ich nicht mehr als ein Bett und ein Zimmer, wo ich mich innerhalb von zehn Sekunden zurechtfinde. Motel One ist ein geiles Konzept, weil sich der Gründer einfach Gedanken gemacht hat. Was braucht mein Gast, was braucht er nicht? Und das wird konsequent durchgezogen, und zwar so, dass ich am Schluss einen konkurrenzlos günstigen Preis anbieten kann. Kein Mensch macht in einem Motel One zwei Wochen Urlaub, deshalb braucht es zum Beispiel keinen Kleiderschrank – die Zimmer können kleiner werden, und daher kriegt man mehr Zimmer auf der Etage unter, was sich wiederum günstig auf den Preis auswirkt. Es gibt kein Restaurant, also kein Problem mit Mitarbeitern, dafür Sandwiches und eine geile Gin-Bar. Und zum Frühstück Bio-Lebensmittel, die oft besser sind als in einem Fünf-Sterne-Hotel. Dazu haben die Gemeinschaftsräume einen guten Style, die Möbel sind schön und von guter Qualität. Du fühlst dich wohl und bezahlst nicht viel. Superkonzept. Kleine Anmerkung am Rande: Ich habe mal mit Motel One über ein Suppenkonzept verhandelt. Das wäre vielleicht modern und interessant gewesen und hätte mir auf jeden Fall Spaß gemacht. Aber es klappte nicht, weil Motel One meine Gage ungefähr genauso kalkulierte wie die eigenen Zimmerpreise.

Jamie Oliver, London. Die Verdienste von Jamie kann man gar nicht hoch genug einschätzen. Er hat mit seiner schnoddrigen, lockeren Art nicht nur eine ganze Generation von Fernsehköchen geprägt, sondern einer Generation von jungen Menschen beigebracht, dass es cool sein kann, am Herd zu stehen. Ich finde interessant, wie er das geschafft hat: Er konnte das Gefühl vermitteln, dass Kochen etwas Einfaches ist. Dass wir nicht in der Küche stehen und jemanden am offenen Herzen operieren, sondern nur ein paar Lebensmittel zusammenmischen, bis es schmeckt – und wenn es nicht genau so schmeckt, wie es schmecken soll, dann schmeckt es eben anders, vielleicht sogar besser. Trau dich, sei frei, es wird schon lecker werden!

Ottolenghi, London. Als das erste Buch von Yotam Ottolenghi in Deutschland erschien, war es eine echte Sensation. Da glaubt man, das Kochen ist von oben bis unten vermessen, und plötzlich kommt einer und bringt eine Küche mit, die nichts neu erfindet, aber zur richtigen Zeit die richtigen Impulse setzt. Vegetarische Küche, die so gut schmeckt, dass selbst einem begeisterten Fleischfresser wie mir nichts fehlt. Ottolenghi hat die kulinarische Tradition des Nahen Ostens so genial aufgegriffen und neu erzählt, dass er Millionen Menschen in offenere, interessiertere Esser verwandelt hat. Und wer sich einmal überraschen ließ, der lässt sich auch öfter überraschen. Ein Konzept, das ich für eine echte Weltverbesserung halte.

Zuma, international. Ich weiß gar nicht, wie viele Restaurants dieser Kette es schon gibt. Ich war in New York. Ich war in Hongkong. Ich war in London. Ich war in Rom. Ich war in Istanbul. Überall weiß ich, was mich erwartet, wenn ich ins Zuma gehe. Immer allerhöchste Qualität. Japanisch, aber leicht fusionmäßig angehaucht. Wohlüberlegt, sensibel kombiniert, nicht so holzhammermäßig, wie es ein Steffen Henssler macht. Schade, dass es so ein Zuma-Konzept, das die Brücke zwischen der japanischen und europäischen Küche schlägt, nicht in verschiedenen Küchenrichtungen gibt. Ich würde mir auch ein Zuma auf Italienisch wünschen, ein Zuma auf Mexikanisch. Niemand bringt das so souverän über die Rampe – am ehesten noch Nobu –, aber Zuma steht für mich noch eine Stufe drüber.

Die Brüder Adrià, Barcelona. Ferran hat mit „El Bulli" und der Molekularküche Geschichte geschrieben (mit einigen hässlichen Nachwirkungen/Folgen, weil eine Generation von Köchen, die das nicht konnte, versucht hat, so zu kochen wie er). Er brachte total frischen Wind in die Kulinarik, der auch total nötig war. (Klar könnten wir jetzt auch die Nordic Cuisine erwähnen. Aber die positiven Impulse der Veränderung, wie sie die Molekularküche brachte, hat die Nordic Cuisine nicht gegeben – außer

dass wir plötzlich Moos und Fichtennadeln fressen mussten.)
Mir hat schon imponiert, dass Ferran auf dem Höhepunkt seines
Erfolgs das El Bulli geschlossen und gesagt hat: Sorry, aber die
Geschichte ist jetzt fertig erzählt. Noch mehr imponiert mir, dass
sein Bruder Albert und er jetzt eine neue Geschichte erzählen.
Seither ist in Barcelona ja ein kleines Dorf entstanden aus lauter
Restaurants der Familie Adrià – mit „Pakta" und „Tickets" und
Enigma". In jedes dieser Restaurants gehst du hinein und gehst
glücklich wieder hinaus. Ob du viel oder wenig Geld ausgibst,
bleibt dir überlassen. Die billigsten Happen kosten vielleicht
zwei Euro. Und die Adriàs verdienen ihr Geld dabei. Warum?
Weil sie es können.

L'Atelier de Joël Robuchon. Was für ein Wurf. Da bricht einer
die Drei-Sterne-Küche so klug und handlich herunter, dass es
keine Starköche braucht, um perfekt rezeptierte Gerichte in aller
Welt zu vervielfältigen. Und zwar so, dass du keinen Unterschied
spürst, egal ob du in Paris, Hongkong oder Tokio essen gehst.
Das Besondere daran ist, dass diese einfache Hochkulinarik in
einem Ambiente serviert wird, wo nicht einmal der Verkrampf-
teste auf die Idee käme, sich eine Krawatte umzubinden. Das
Atelier ist für alle Zeiten eine geniale Hinterlassenschaft dieses
ganz großen Kochs, auch wenn der Meister selbst 2018 das Zeitliche gesegnet hat.

Tasty.com. Ja, ich finde Tasty gut. Tasty ist eine Website, die auf
Facebook fast hundert Millionen Follower hat, und zwar mit
gutem Grund. Die Seite präsentiert eine wahnsinnig schnelle,
lebhafte Art der Küche, die in kurzen Filmen perfekt darge-
stellt wird. Alles wird idiotensicher erklärt, die Clips haben ein
atemberaubendes Tempo, die Kameraeinstellungen stimmen, du
kriegst gute Laune, wenn du dir ein paar dieser Clips anschaust
– und Hunger natürlich. Inzwischen gibt es auch Bücher, die
aber mehr Videoclips zwischen Buchdeckeln sind, sehr clever,
sehr konsequent. Selbst mein sechsjähriger Sohn schaut sich

Tasty-Videos an und nervt mich nachher, dass ich so kochen soll.
Kochen für die nächste Generation.

+1 David Changs Momofuku, international. Was David Chang da hingekriegt hat, ist für mich sensationell, weil es nicht das Resultat
einer Welteroberungsstrategie ist, sondern seiner Leidenschaft,
cool, schräg und ohne Tabus zu kochen. Inzwischen hat David
ein Imperium, aber ich bin sicher, dass er das selbst noch nicht
fassen kann und noch immer nicht genau weiß, was da genau
passiert ist. Er verpackt chinesische und koreanische Einflüsse
in eine grundamerikanische Art zu essen und sperrt ein Lokal
nach dem anderen auf. Für mich ein Beispiel dafür, dass du mit
größter Leichtigkeit supererfolgreich sein kannst.

„Beef!", „B-eat", „Rolling Pin". „Beef!"-Chefredakteur Jan Spiel-
hagen hat ja eine ganze Flotte an Magazinen unter sich, aber
„Beef!" und „B-eat" sind für mich die speziellsten. „Beef!" hat

richtig frischen Wind in diese verschnarchte Landschaft der
Foodmagazine gebracht, indem es Qualität im Inhalt mit einer
frechen, machomäßigen Ansprache kombiniert. Vor „Beef!" gab
es nur Foodmagazine, die für die Generation über sechzig gemacht wurde, aber alle Männer, die sich zwar für Essen interessieren, sich aber in diesen Magazinen nicht wiederfanden, wurden vergessen. „Beef!" hat 80 Prozent männliche Leser, das ist
ziemlich sensationell. Auch die Fotografie ist gleichzeitig rotzig
und trotzdem elegant. Super. Mit „B-eat" wird alles ein bisschen
+2 mainstreamiger, aber immer noch deutlich besser als der Rest.
Genauso wichtig ist mir „Rolling Pin". Es gibt kein besseres
Magazin für die Gastronomie selbst. Wo „Beef!" und „B-eat"
Restaurantbesucher, Foodies und Hobbyköche im Auge haben,
liefert „Rolling Pin" interessante, coole Inhalte für Gastronomen
und nimmt so auch Jugendliche mit, die wegen der Stelleninse-
rate reinschauen. Die zweimal pro Jahr ausgerichteten „Chef-
days" zählen zu den coolsten kulinarischen Veranstaltungen, die
es derzeit gibt.

„Chef's Table" und „Kitchen Impossible". Zwei Fernsehformate, die Kulinarik mit einem Mal völlig neu erzählen. Plötzlich geht es nicht mehr darum, den Zuschauerinnen zu erklären, wie man Pasta ausrollt, sondern um die große, faszinierende Welt der Gastronomie. Bei „Chef's Table" sieht man, wie spannend, aber auch spannungsreich die Arbeit in Spitzenküchen ist, und bei „Kitchen Impossible" kriegst du einen Eindruck davon, wie anspruchsvoll es ist, richtig gut zu kochen – wenn selbst ausgewiesene Spitzenköche daran scheitern, Grünkohl mit Pinkel so zu machen, dass es den Stammgästen schmeckt. Unglaublicher Aufwand beim Drehen, eine eigenständige Schnittsprache, geile Musik: ein Hinweis darauf, dass Essen und Trinken auch Style, Licht, Tempo und die richtige Erzählweise brauchen.

+3

Der Bluefin Tuna oder die Kreuzung zwischen Himmel und Hölle

Ich bin in einem Dilemma. Ich stehe in der Küche. Vor mir liegt ein 35 Kilogramm schweres Teil vom Bluefin Tuna, vom wahrscheinlich besten Thunfisch der Welt, in einer sagenhaften Qualität. Das Fleisch ist dunkelrot. Es hat die elegante Marmorierung, die zeigt, dass dieser Thunfisch ein gutes Leben geführt hat, gut gefressen hat, gut geschwommen ist, und ich taste mit den Fingern den Übergang des Rückens zum Toro-Lappen ab, den Teil des Thunfischs, der am fettesten ist und selbstverständlich am besten schmeckt.

Ich bin in einem Dilemma, weil ich kein Idiot bin. Ich weiß, dass diese Thunfischart vom Aussterben bedroht ist. Der Blauflossen-Thunfisch ist vom Aussterben bedroht, weil es auf der ganzen Welt Typen wie mich gibt, die sein Fleisch unfassbar geil finden und Höchstpreise dafür bezahlen, dieses Fleisch verarbeiten zu dürfen. Wer einmal auf dem Fischmarkt in Tokio war, hat die Augen der Einkäufer gesehen, hat das Feuer in diesen Augen gesehen und den Fanatismus, die unbedingte Bereitschaft, für einen guten Thunfisch wirklich alles zu geben.

Wenn ich jetzt an meinen Fingerspitzen rieche, den feinen, zarten Geruch einatme, den sie angenommen haben, als sie das feste, elastische Fleisch massierten, dann denke ich mir: Fahrt doch zur Hölle, ihr Öko-Spießer, die ihr mir jetzt mit hoch erhobenem Zeigefinger zuschaut und prophezeit, dass ich mit meiner Genusssucht dazu beitrage, das Meer leerzufischen und die Artenvielfalt zu beerdigen. Oder noch besser: Fahrt doch ohne Umwege hinauf in den Himmel, wo ihr euch mit den anderen Klugscheißern und Moralaposteln über solche wie mich beklagen könnt und dazu Schwarzkohlchips fresst und an eurem Mineralwasser ohne Kohlensäure nippt.

Ich greife jetzt zu meinem frisch geschliffenen Messer und schneide quer durch das Fleisch. Schon am Widerstand beim Schneiden merke ich, was für eine überirdische Qualität dieser Tuna hat. Ich schneide ein zweites Mal durch, nehme den Deckel ab, genieße den Duft, den der Fisch verströmt, schneide mit meinem Messer vorsichtig die Haut weg, damit nicht ein Gramm dieser besonderen Delikatesse verlorengeht, und dann belohne ich mich endlich für das lange Warten und schneide ein Stück aus dem Bauchlappen heraus, ein kleines, aber nicht zu kleines Stück, damit ich diesen Bluefin endlich kosten kann. Das Fleisch ist kühl, aber nicht kalt. So würden es die Sushi-Meister zu einem Nigiri verarbeiten, aber der Reis kann mir gestohlen bleiben, ich stecke mir jetzt das Fleisch einfach so in den Mund, roh, ungewürzt, und doch empfinde ich eine Lust dabei, die fast jener vergleichbar ist, die Menschen mit literarischer Bildung „den kleinen Tod" nennen. Ich würde es so formulieren: Mir geht einer ab.

Aber ausgerechnet in diesem orgiastischen Moment meldet sich mein Gewissen und teilt mir mit, dass ich ein verantwortungsloses Arschloch bin. Weißt du nicht, fragt das Gewissen, was du gerade tust? Ist es dir egal, dass die Population dieses Thunfischs eine der gefährdetsten Fischarten ist, die noch in den Weltmeeren herumschwimmen? Einer der schönsten Fische, die es je gab: Und du hast nichts Besseres zu tun, als ihn aufzufressen? Schlimmer noch: Dir geht einer ab dabei!

In dem Moment schäme ich mich ein bisschen. Aber es dauert nur ein paar Zehntelsekunden, bis ich mich daran erinnere, warum ich diesen Tuna bestellt habe. Ich werde für 800 Menschen ein Gericht kochen, dessen Hauptdarsteller dieser Thunfisch ist, in Würfel geschnitten und leicht mariniert mit Tomatenwasser und Sojasauce und frischem Ingwer, dazu gibt es Fregola Sarda mit einem leichten Tomaten-Sobrasada-Sud, der von einer Auberginen-Creme ergänzt wird und von einer Nussbutter-Petersilien-Pinienkern-Gremolata gekrönt. 800 Menschen werden „Juhu!" schreien, und alle, die etwas vom Essen verstehen, werden ein merkwürdiges, euphorisches Gefühl verspüren, weil ihnen nämlich einer abgeht, und niemand wird

sie so gut verstehen wie ich, weil ich mir nämlich gerade noch ein Stück vom Bauchlappen genehmigt habe – was! für! ein! Genuss!

Ich nehme mein Handy, mache ein Foto von diesem Fisch, poste ihn auf Instagram – und spüre schon die Ohrfeigen, die mir meine Fans schicken, weil ich etwas tue, was ganz und gar falsch ist, aber ich höre auch das wohlige Seufzen von denen, die ein Stück von diesem Fisch wollen.

Ich bin in einem Dilemma, klar. Aber aus diesem Dilemma komme ich nur mit Arroganz heraus. Sollen doch alle keinen Bluefin mehr verarbeiten, die es nicht können: Die Meere wären dann wieder voll davon. Und sollen ihn nur die essen, die sich nicht insgeheim nach den Schwarzkohlchips sehnen, die drüben im Veganerhimmel serviert werden.

Mich werdet ihr dort nicht treffen, Freunde. Denn wenn ich dafür in die Hölle komme, dass ich diesen Fisch esse, dann will ich in die Hölle. Wenn Gott diesen wunderbaren Fisch gemacht hat, damit ich ihn nicht essen darf, dann will ich von ihm sowieso nichts wissen.

LIEBER IN DER BLUEFIN-HÖLLE ALS IM VEGANERHIMMEL.

DER WELTBESTE SAIBLING MIT RADIESCHEN

Der Saibling ist eines der wenigen Lebensmittel, bei dem mir das Prinzip Regionalität so richtig einleuchtet. Wenn ein Saibling vor mir auf dem Küchentisch liegt, frage ich mich schon, warum ich einen Lachs aus dem Atlantik kommen lassen soll. Ich habe gar nichts gegen den Fisch aus dem Atlantik – aber der Saibling ist ein vollwertiger Ersatz. Deshalb sollte er viel respektvoller behandelt werden und darf ruhig auch Einzug in die Fine-Dining-Restaurants halten.

Saibling:
1 kg Saibling
250 g Radieschen, geviertelt
100 g Butter
60 g Olivenöl

Radieschen:
13 g Honig
20 g Weißweinessig
5 g Senf
Salz
100 ml Hühnerfond (oder Wasser)
20 g Nussbutter (Seite 158)
6 g Weißweinessig
2 Msp. Fichtennadelsalz
130 g Radieschen, in feine Stifte geschnitten

Zum Anrichten:
1 Meerrettichwurzel
½ Handvoll Daikonkresse

Den Saibling filetieren, entgräten und von der Haut lösen. 70 Gramm Butter in kleinen Flocken auf dem Saibling verteilen. Olivenöl darüber träufeln und die Saiblingsfilets salzen. Die Filets auf einen Teller geben, mit Klarsichtfolie abdecken und 20 Minuten abgedeckt bei 90 Grad im Ofen garen.

Für die Radieschen die restliche Butter in einem Topf zergehen lassen. Radieschenviertel, Honig, Weißweinessig, Senf und Salz hinzufügen, mit Hühnerfond (oder Wasser) aufgießen. Alles ca. 5 Minuten bei geringer Hitze schmoren.

Nussbutter, Weißweinessig und Fichtennadelsalz vermischen und leicht köcheln lassen (ca. 2 Minuten). Etwas abkühlen lassen, anschließend die Radieschenstifte hinzufügen.

Zum Anrichten den Saibling mit den geschmorten und den rohen Radieschen belegen, frischen Meerrettich darüber reiben. Mit der Olivenöl-Butter-Mischung, die sich beim Garen gebildet hat, beträufeln, mit Salz würzen und mit Daikonkresse bestreuen.

Das letzte Abendmahl

Jean-Georges Vongerichten, Jean-Georges, New York
Thunfisch mit Avocado, Radieschen und Ingwer-Vinaigrette

Richard Ekkebus, Amber, Hongkong
Seeigel mit Blumenkohl, Hummergelee und Kaviar

Sepp Schellhorn, Seehof, Goldegg
Kalbshirn mit Ei und Spargel

Santi Santamaria, El Racó de Can Fabes, Sant Celoni
Papada mit Kaviar und Kartoffelstampf

Dieter Koschina, Villa Joya, Albufeira
Cataplana

485Grad, Köln
*Hellboy-Pizza mit Chorizo, geräuchertem Paprikapulver,
Oregano und Chili-Honig*

Luis Rottensteiner, Patscheider Hof, Ritten
Rote-Bete Knödel

Beim Sedlmayr, München
Weißwust vom Wallner

Zuma, London
Black Cod mit Miso

Alain Passard, Arpège, Paris
Schweinebraten

Daniel Patterson, Coi, San Francisco
Zitronen-Meringue

Marc Haeberlin, L'Auberge de l'Ill, Illhaeusern
Pfirsich, Pistazieneis, Zabaione

Zehn Gerichte für das letzte Abendmahl +2 DESSERTS

Ich habe immer wieder die Fantasie, dass ich eines Tages an einen großen Tisch eingeladen werde, an dem alle meine Freunde sitzen, und freundliche Kellnerinnen und Kellner servieren uns die besten Gerichte meines Lebens. Es wären diese zehn (und weil es natürlich mehr als zehn sind, kommen noch ein paar dazu):

1. Beginnen kann dieses definitive Menü nur mit dem Thunfisch von Jean-Georges Vongerichten. Jean-Georges war 2004 einer der ersten Übersee-Gastköche, die wir im „Hangar-7" hatten. Und er machte einen Thunfisch, den ich seither immer und immer wieder erlebt habe. Eines der Gerichte, das ich so oft wie kein anderes irgendwo kopiert gesehen habe. Thunfisch mit Avocado, Radieschen und Ingwer-Vinaigrette. Die Kombination dieser Frische und dieser Cremigkeit. Für mich ein Gericht, mit dem du einen Abend beginnst und sofort von Herzen Lust auf Essen hast.

2. Der zweite Gang ist noch einmal ein kaltes Gericht: der Seeigel von Richard Ekkebus vom „Amber" in Hongkong. Blumenkohl, Hummergelee, Kaviar, Seeigel – man könnte sagen, die Kombination von ganz puren Lebensmitteln. Das Gericht ist kühl an der Grenze zu kalt, sonst zerfließt das Gelee. Das ist die perfekte Temperatur. Niemand sollte diese Welt verlassen, ohne vorher dieses Gericht probiert zu haben. Es steht bis heute auf der Karte des „Amber", weil der Chef ein Problem mit seinen Stammgästen kriegt, wenn er so einen Klassiker runternimmt.

3. Der dritte Gang ist etwas Herzhaftes: das Kalbshirn mit Ei von Sepp Schellhorn aus Goldegg. Der „Seehof" ist ein Hotel, wo ich mir sofort die Schuhe ausziehen möchte, weil ich mich von der ersten Sekunde an wie zu Hause fühle. In der Küche steht dieser coole Gastronom mit seinem sturen Kopf und der Liebe zur Kunst. Die Schwingungen in diesem Haus holen dich voll ab. Dann sitzt du am Tisch, und es gibt dieses perfekte Kalbshirn mit Ei – und vielleicht ist das der Grund, warum du für immer hier bleiben magst.

4. Jetzt kommt die Papada von Santi Santamaria mit Kaviar und Kartoffelstampf. Diese völlig selbstverständliche Kreuzung eines molligen, buttrigen Kindergerichts mit einer ausreichenden Menge an Kaviar ist so einfach, so großartig, so unvergesslich – jedes Mal, wenn ich sie esse, sehe ich Santi von seiner Wolke im Himmel zu uns herunterwinken. Hoffentlich habt ihr da oben genug zu essen!

5. Wir bekommen jetzt die Cataplana von Dieter Koschina aus der „Vila Joya" an der portugiesischen Atlantikküste. Es ist ein Vorgeschmack auf den Himmel, hier zu sitzen, aufs Meer hinunterzuschauen, und dann kommt aus der Küche der klassische Eintopf mit diesen unvergleichlichen Carabineros, die sie in Portugal haben. Ich fange vor Freude augenblicklich zu schwitzen an, wenn ich dran denke – so geil!

6. Weil wir an dieser Stelle endlich mal etwas Herzhaftes brauchen, kommt jetzt eine Pizza. Nämlich die Hellboy aus dem „485Grad" in Köln. Auf dieser Pizza haben sich eine Chorizo, geräuchertes Paprikapulver, Oregano und Chili-Honig gefunden – die Kombination ist ein Wahnsinn! Ich weiß nicht, wie viele Hellboys ich in meinem Leben schon gegessen habe. Man kann es an der Passform meines Hemds ablesen, dass ich auf keine Hellboy verzichten kann. Dazu eine Flasche Zieregg von Tement – und eine Lebensfrage ist beantwortet: Warum soll ich in ein Sterne-Restaurant gehen, wenn ich hier eine Hellboy essen darf?

7. Es gibt kein ewiges Menü ohne die Rote-Bete-Knödel vom „Patscheider Hof". Diese Knödel bedeuten für mich, dass ich nach Hause komme. Jeder, der schon in Südtirol auf einer Alm war, hat hundert Mal Rote-Bete-Knödel gegessen. Jeder, der mir schon einmal zuhören musste, hat mich hundert Mal über Rote-Bete-Knödel quasseln gehört. Aber sobald du einmal einen Rote-Bete-Knödel beim „Patscheider" isst, dann stellst du dir die Sinnfrage: Was waren das bloß für Knödel, die du bis jetzt gegessen hast? Ich koche diese Knödel oft nach (Seite 35) – aber noch nie habe ich sie so hingekriegt, wie es der Luis Rottensteiner vom „Patscheider Hof" schafft.

8. Als achter Gang kommt jetzt etwas Feines, Delikates: eine Weißwurst vom Wallner, wie sie beim „Sedlmayr" in München serviert wird. Mit dieser warmen, knusprigen Brezel, die dir sofort das Herz bricht.

9. Der neunte Gang ist ein Gericht, von dem ich nicht genau weiß, wo ich es zum ersten Mal gegessen habe. War es im

„Nobu"? War es im „Zuma"? War es bei Yoshii Ryuichi in Sydney? Ich weiß nicht genau, wer das erste Mal Black Cod mit Miso gemacht hat – aber ich weiß, wo ich den besten Kabeljau mit dieser süßsäuerlichen Glasur bekommen habe, nämlich im „Zuma". Unvergesslich: der fette Fisch und das Süße, Fermentierte von der Miso – wenn das dann richtig abgeflämmt wird, ist dieses Gericht für mich unendlich geil. Beilage? Braucht man nicht. Einfach nur Black Cod mit Miso.

10. Als Hauptgericht kommt das Schwein aus dem „Arpège". Alain Passard ist für mich sowieso ein absolutes Genie. Und dieses Schwein, das vom Rücken Richtung Bauch durchgeschnitten wird, ist ein Geniestreich. Passard hat die ganze Bauchseite noch mitgenommen, so dass du einen richtigen Flecken Fleisch auf dem Teller hast. Und keine Soße, sondern eher einen Sud. Unvergesslich! Unübertrefflich.

10+1. Eigentlich ist das Dessert ja ein Gericht, das als eigener **+1** Gang zählt – aber ehrlich, auf welchen der zehn Gänge von oben hätte ich verzichten können? Also kommen die Desserts als Bonustrack. Bonustrack 1: die Zitronen-Meringue von Daniel Patterson – eiskalt und warm zugleich. Diese verschiedenen Konsistenzen: die verbrannte Meringue, die du anschaust und Mitleid bekommst: „Du armes Ding, was ist denn mit dir passiert?" Und dann isst du sie und brichst in Tränen aus: „Du kannst noch so hässlich sein. Ich liebe dich!"

+2 **10+2.** Der Pfirsich von Marc Haeberlin. Mir egal, ob das ein Dosenpfirsich ist – und es ist ein Dosenpfirsich, und zwar der beste Dosenpfirsich der Welt, teurer als jeder andere Pfirsich, den du frisch auf dem Markt bekommst. Und es ist genau die Konsistenz dieses Pfirsichs, die das Dessert so unglaublich macht. Dazu Pistazieneis, Schlagsahne und eine Zabaione – einfach ein schönes, leichtes Dessert.

Scharf, schärfer, am schärfsten. Stammen wir Chili-fresser wirklich vom Affen ab?

Wenn ich an Chili denke, fällt mir zuerst immer das Buch „Resturlaub" von Tommy Jaud ein. Ich will ja nichts spoilern, aber diese Szene müsst ihr kennen: Die Hauptfigur reist nach Argentinien. Er hat von zu Hause die Schnauze voll. In Argentinien lernt er eine unglaublich schöne Frau kennen, mit der er sofort ins Bett geht. Sie haben zweimal den geilsten Sex, den er je hatte, und als sie fertig sind, liegt er am Rücken und denkt sich nur: Wow.

Aber sie sagt: „Komm, mach weiter."

„Wie", denkt er, „weiter?"

Sie will einfach schon wieder, und er kann nicht mehr.

Er steht auf, tut so, als ob er auf die Toilette geht, und ruft seinen Freund zu Hause an. Was er jetzt tun soll.

„Ich habe mal gelesen", sagt der Freund, „dass du sofort

wieder geil wirst, wenn du dir den Finger mit Chili einreibst und ihn dir in den Arsch steckst."

Der Typ geht in die Küche und sucht einen Chili, findet aber nur Tabasco. Besser als gar nichts, denkt er, schmiert sich den Mittelfinger mit Tabasco ein, stellt ein Bein auf den Küchentisch, und gerade als er den Finger in Position bringt, steht die schöne Argentinierin in der Tür und fragt: „Aber was machst du da?"

Ich habe die Szene irgendwann im Flugzeug gelesen und musste so lachen, dass mein Sitznachbar wissen wollte, was ich da lese – das wollte er auch. Seither muss ich jedes Mal, wenn es um Schärfe geht, an diese Szene denken.

Danke, lieber Tommy Jaud.

Ihr wollt wissen, ob die Methode funktioniert? Ich habe sie nie ausprobiert. Ich komme mit Schärfe grundsätzlich nicht besonders gut klar. Ich möchte mir weder einen Chili in den Arsch stecken noch bei einem dieser Coole-Jungs-Contests mitmachen, wo ein paar Idioten ausprobieren, wer sich den Mund mit den schärfsten Chilischoten verbrennen kann. Wenn ich mir im Internet die Clips anschaue, wo Typen mit Baseballmützen und Doppelkinn die schärfsten Chilis der Welt fressen, als seien es Chips, schäme ich mich sofort ein bisschen für mein Geschlecht. Denn es sind zu 90 Prozent Männer, die das machen. Manchmal denke ich mir, dass wir Männer von anderen Affen abstammen müssen als die Frauen, denn die haben nicht das Bedürfnis, so scharf zu essen, dass sie sich ankotzen und Kreislaufbeschwerden bekommen. Aber dann denke ich mir, vielleicht stammen wir überhaupt nicht vom Affen ab, denn es gibt keinen Affen, der Chilis futtert statt Bananen – dieser Schwachsinn ist eine Originalerfindung von uns Typen.

Ich war einmal in São Paulo bei Alex Atala essen, weil ich dort ein Event hatte. Ich hatte zwei Mitarbeiter dabei. Einer, Martin Kilga, ein besonders lieber Typ, der jetzt in Salzburg das „Paradoxon" hat, mag es gern scharf. Ehrlich gesagt kann es ihm nie scharf genug sein, gerade dass er sich nicht auf eine Bühne setzt und bei einem der unzähligen, dämlichen Scoville-Contests Weltmeister wird. Er hat für uns alle das Mittagessen bestellt und natürlich ein paarmal zu oft genickt, als er gefragt wurde, ob wir es pikant, scharf oder sehr scharf wollen.

Ich habe ihn so verflucht. Ich habe ihn so beschimpft. Warum musste er das tun? Dann ist mir wieder Tommy Jaud eingefallen. Vielleicht war das der Grund.

PS: Beim Grillen stellen sich die Männer übrigens genauso bescheuert an wie beim Chilifressen. Erstaunlich, was gutes Wetter und ein Grill in uns Männern auslösen: Oft habe ich das Gefühl, dass wir auf der Evolutionsleiter eine Stufe zurücksteigen und wieder zu den Affen werden, die wir einmal waren. Affen, die allerdings eine Grillzange und ein kaltes Bier in der Hand haben.

DIE WELT BESTE GAZPACHO

An einer Gazpacho kann man die alte Grundregel überprüfen, dass ein Gericht nur dann gut sein kann, wenn die Grundlebensmittel, aus denen es gemacht ist, gut sind. Nimm irgendwelche Tomaten, die nach nichts schmecken, und eine Gurke, die nur aus Wasser besteht: Dann wird auch die Gazpacho nach nichts schmecken. Wenn man Lebensmittel auswählt, die knallen, dann knallt natürlich auch die Gazpacho.

Gazpacho:
300 g Tomaten, grob gewürfelt
100 g Rote Paprika, grob gewürfelt
100 g Gelbe Paprika, grob gewürfelt
300 g Gurke, geschält und grob gewürfelt
50 g Zwiebel, grob gewürfelt
40 g Olivenöl
7 g Chakalaka Gewürzmischung
20 g Weißweinessig
1 EL Zitronensaft
Salz

Croûtons:
110 g Baguette, in Würfel geschnitten
50 g Olivenöl
6 g Bruschetta Grüne Olive Gewürzzubereitung (nach Belieben)
30 g Pinienkerne

Für die Gazpacho alle Zutaten miteinander vermischen und kräftig würzen. In einen Standmixer (zum Beispiel einen Vitamix) geben und fein pürieren. Mindestens eine Stunde kühlen.

Für die Croûtons die Baguettewürfel im Olivenöl knusprig anbraten. Die Pinienkerne kurz mitrösten und alles mit der Bruschetta Olive Gewürzzubereitung abschmecken.

Sieben Dinge, die fast jedes Essen besser machen

Manchmal braucht es einen langen Anlauf, um Gerichte einzigartig zu machen. Studium von komplizierten Rezepten, tagelanges Einkochen von Sud und Sauce. Manchmal reichen aber auch ein paar Handgriffe, um ein gutes Essen noch besser zu machen, ihm Pep zu geben oder eine frische, brillante Note. Hier habe ich für euch ein paar der wichtigsten Kunstgriffe aufgeschrieben, mit denen fast jedes Essen ein bisschen besser wird – ohne dass ihr euch dafür nächtelang in die Küche stellen müsst.

1. Nussbutter. Butter braun (nicht schwarz!) werden lassen und warten, bis sie diesen einzigartigen, appetitlichen Nussbuttergeruch verströmt. Auf keinen Fall durch ein Sieb abseihen, sondern gleich zum Essen geben. Die dunklen Punkte sind purer Geschmack. Passt vom Risotto bis zum Apfelkompott.

2. Croûtons. Ich liebe es, wenn in der Suppe oder im Salat noch etwas zu beißen ist. Deshalb gebe ich fast immer Nüsse, Mandeln oder Pinienkerne dazu – manchmal aber auch Croutons. Bevor ihr ein Stück altes Brot wegschmeißt, schneidet ihr es lieber in kleine Würfel, bratet sie in Butter heraus und werft sie in Salat, Suppe oder Eintopf.

3. Kräuteröle und Kräuterbutter. Wer im Garten oder auf dem Balkon Kräuter anbaut, kennt die Situation gut: Plötzlich ist vom Basilikum oder der Petersilie zu viel da. Mit wuchernden Kräutern lassen sich aber Kräuteröle machen – Kräuter mixen, mit Öl in die Flasche geben – die im Kühlschrank ewig halten. Oder du machst eine Kräuterbutter, indem du Kräuter und Butter miteinander mixt, und hast dann deine Kräuterbutter in kleinen Portionen im Tiefkühler. Mit Säure und Schärfe. Kannst du für jedes salzige Gericht verwenden.

4. Zitruszesten. Durch ihre ätherischen Öle geben die abgeriebenen Zitronen- oder Limettenschalen richtig Bumms. Wenn etwas fad schmeckt: Nussbutter und Limettenzesten dazu, und du feierst ein Fest. Der Saft der Zitrusfrüchte hilft natürlich auch.

5. Weinreduktion. Eine interessante Methode, um die eine oder andere angebrochene Flasche Wein nicht wegzuschütten, sondern zu verarbeiten. Einfach in einer Pfanne auf ein Drittel oder Viertel einreduzieren, dann in ein Rexglas damit und in den Kühlschrank. Die Reduktion vom Weißwein schmeckt sauer, du kannst sie perfekt als Säure einsetzen. Wenn du Portwein reduzierst, bekommst eine feine, charaktervolle Süße. Bei Rotwein- und Portwein-Reduktionen kannst du ruhig von einer 0,7-Flasche auf 100 Milliliter hinunter reduzieren.

6. Yuzusaft. Hat denselben Effekt wie Zitronensaft, aber einen noch spezielleren Geschmack. Ich liebe ihn für seine Kraft und seine spezielle Aromatik.

7. Spe. öl. Eine Infusion aus Speck und Thymian, die du im Kühlschrank aufhebst. Du musst das Ölivenöl zuerst leicht erwärmen und dann gebratenen Speck, Knoblauch und Thymian dazugeben – auch die Schwarte vom Speck funktioniert gut. Dann lässt du die Zutaten so lange im Öl ziehen, bis es die Aromen angenommen hat und ganz intensiv schmeckt. Kann man einfach so aufs Brot träufeln oder als Geschmacksverstärker ganz am Schluss dageben, wenn man einen Sud oder einen Jus aufpeppen möchte.

Spinner und noch größere Spinner. Köche gegen Pâtissiers

Wir Köche sind Spinner. Aber es gibt noch größere Spinner, und das sind die Pâtissiers. Ich war selbst, gebe ich zu, kein einfacher Typ in der Küche. Aber die Pâtissiers und Bäcker, die bei mir gearbeitet haben, waren mindestens doppelt so schwierig. Wenn ich zum Beispiel an meinen Kollegen Christoph Lindpointner denke, komme ich mir plötzlich total einfach vor, zugänglich, freundlich, immer gut aufgelegt.

Dabei ist der Christoph Lindpointner der mit Abstand beste Pâtissier, den ich kenne. Ich fürchte, ich muss sagen: Der Mann ist ein Genie.

Wir haben im „Hangar-7" viele Jahre zusammengearbeitet, er hat sein Handwerk beherrscht wie kein anderer. Aber schwierig war er schon. Was ich mir an Herumgezicke anhören musste, an „So geht das nicht" und „So schon gar nicht", aber er hätte von mir aus noch zehnmal schwieriger sein dürfen, weil er mich mit seiner Pâtisserie sofort wieder versöhnt hat.

Der Beruf des Pâtissiers hat ein Problem: Die guten Pâtissiers verdienen nicht genug. Niemand verdient in der Gastronomie genug, auch die Köche nicht und die Küchenchefs nicht, aber die Pâtissiers müssten noch einmal mehr verdienen, weil sie nämlich unersetzlich sind. Wenn mir als Küchenchef der Chef-Poissonnier oder der Saucier ausfällt, dann übernehme ich halt selbst den Posten. Aber den Pâtissier-Posten übernehme ich nicht. Weil ich es nämlich nicht kann (und weil es mich ankotzt, denn ich bin Koch und nicht Pâtissier oder Bäcker. Aber das ist eine andere Geschichte).

Früher habe ich nie so besonders viel darüber nachgedacht, wie unterschiedlich Köche und Pâtissiers ticken. Aber wenn du dann mit jemandem zusammenarbeitest wie Tim Mälzer, der bei jeder Gelegenheit verlauten lässt, dass „kochen nicht backen" ist, dann machst du dir zwangsläufig Gedanken. Und irgendwann denkst du dir: Stimmt eigentlich. Kochen ist nicht backen.

Allein die Vorstellung, in der Früh in die Küche zu gehen und sofort mit etwas Süßem zu arbeiten, macht mich irre. Von allen Grundgeschmäckern – süß, sauer, salzig, scharf, bitter – ist das Süße der Geschmack, auf den ich am ehesten verzichten könnte.

In der Pâtisserie aber ist das Süße die tragende Säule, um die herum alles aufgebaut wird. Klar verwenden gute Pâtissiers auch alle anderen Geschmäcker, und sogar sehr kunstvoll, aber allein von der Vorstellung, dass ich jedes Aroma, jede Geschmacksidee mit etwas Süßem kombinieren müsste, wird mir schlecht. Dieses elende Geklebe, von der Früh bis spät in die Nacht, allein das wäre nichts für mich.

Dazu kommt, dass der Pâtissier in der Küche kaum einmal aushelfen kann – und umgekehrt. Wobei die richtig guten Pâtissiers auch kochen können. Das größere Geschmacksspektrum hilft ihnen dann bei ihrer eigentlichen Arbeit.

Das lässt sich übrigens ganz gut mit der Arbeit von Sommeliers

und Barkeepern vergleichen. Der Schnapsbrenner Hans Reiset-
bauer sagt mir immer: „Roland, wenn es um Geschmäcker geht,
dann unterhalte ich mich nicht mit einem Sommelier. Dann
unterhalte ich mich nur mit Köchen."

Das ist eine klare Aussage. Und sagt ja alles. Wer hat die Erfahrung, wenn es um die Geschmäcker von Lebensmitteln geht?
Richtig, der Koch. Und je mehr Erfahrung da ist, desto besser
bist du als Barkeeper, Pâtissier, Bäcker, was auch immer.

Der entscheidende Unterschied zwischen Köchen und
Pâtissiers ist allerdings ein anderer. Köche – gute Köche, Köche,
die etwas im Kopf und im Bauch haben – wollen ohne Rezept
kochen. Bäcker und Pâtissiers können ohne Rezept überhaupt
gar nichts machen. Und dazu kommt noch, dass sie so unendlich
genau arbeiten müssen – da ist für ein bisschen Improvisation
nicht der geringste Platz.

Es gibt eine Geschichte, die das besonders gut illustriert.
Phillip Sigwart, ein inzwischen sehr lieber Freund von mir, ist
nicht nur ein großartiger Pâtissier, sondern auch, ganz untypisch
für seinen Beruf, ein sehr angenehmer Mensch. Er hilft mir oft
bei Events, und ich weiß, dass ich mich hundertprozentig auf ihn
verlassen kann.

Als Phillip als Demi Chef Pâtissier bei uns im „Hangar-7"
arbeitete, habe ich ihn mal beauftragt, dass er mir eine Palatschinke macht, weil ich damit etwas ausprobieren wollte. Einen
scheißbanalen Pfannkuchen mit Aprikosenmarmelade.

Aber es kam nichts.

Zwei Stunden später, als mir der Pfannkuchen wieder ein-
fiel, fragte ich: „Phillip, wo ist die Palatschinke?"

Da begann der Typ mir mit ganz vielen Worten zu erklären,
dass er diese banalste aller Süßspeisen noch nicht hatte machen
können, weil er den Chef Pâtissier – das war damals der Dominik Fitz, als Nachfolger vom oben schon genannten Christoph
Lindpointner – nicht erreicht hatte. „Chef", sagte Phillip, „Dominik ist gerade im Urlaub am Strand. Ich hab ihn noch nicht am
Telefon erwischt." Ich wusste gar nicht, was er wollte und was los

war. „Warum willst du den Dominik erreichen?", fragte ich. „Lass ihn in Ruhe, der braucht seinen Urlaub."

Jetzt wurde Phillip ganz unruhig.

„Aber ich brauche doch ein Rezept für die Palatschinken!"

Das war der Moment, als ich rot gesehen habe. Sogar ich weiß auswendig, wie man eine Marillenpalatschinke macht. Mehr hat der Phillip nicht gebraucht. Ich habe ihn, glaube ich, fünf Tage lang ununterbrochen beschimpft, und nein, ich habe mich nicht über ihn lustig gemacht wie jetzt – ich war stinksauer, weil mir nicht in den Kopf wollte, dass ein gelernter Pâtissier selbst für die einfachsten Dinge ein genaues Rezept braucht. Ich meine, hat der einen Stadtplan eingesteckt, damit er zu Hause aufs Klo findet? Für mich ist eine Welt zusammengebrochen.

Ich hab mich sogar einmal in der Küche umgedreht, um nachzuschauen, ob sich ein Team von der „Versteckten Kamera" in Stellung gebracht hatte und mich verarschte. Aber da war niemand. Der Phillip hat einfach tatsächlich ein Rezept für die Marillenpalatschinken gebraucht. Ohne war er aufgeschmissen. Und ich hab ihn dafür tagelang zur Sau gemacht. Ein Wunder – und danke dafür, Phillip! –, dass er mir das verziehen hat.

Aber ich habe ihm ja auch verziehen.

„ABER ICH BRAUCHE DOCH EIN REZEPT FÜR DIE PALATSCHINKEN!"

DIE WELT BESTEN PALATSCHINKEN

Palatschinken – Pfannkuchen – sind ein einfaches Gericht, mit dem du Menschen glücklich machst. Wenn ich meine Frau in der Früh mit Palatschinken beglücke, ist sie sofort gut drauf. Eines zum Umdrehen der Palatschinken: Natürlich kann ich den Pfannkuchen so in die Luft werfen, dass er sich über meinem Kopf dreht, und dann fange ich ihn hinter meinem Rücken wieder mit der Pfanne auf. Ohne zu schauen. Mache ich aber nur, wenn genug Zuschauer da sind.

Palatschinken:
470 g Mehl
1 l Milch
1 Prise Salz
10 Eier
Butter oder Butterschmalz zum Ausbacken

Zum Anrichten:
1 Glas Marillenmarmelade (Aprikosenmarmelade)
½ Handvoll Mandeln, gehackt

Für die Palatschinken Mehl, Milch und Salz miteinander vermischen, dann nach und nach die Eier dazu geben und alles zu einem glatten Teig verrühren.

Eine große Pfanne erhitzen und ca. einen Teelöffel Butter oder Butterschmalz hinzufügen. Wenn die Pfanne heiß und die Butter zergangen ist, einen Schöpfer Teig in die Pfanne gießen, gleichmäßig verteilen und goldbraun backen. In der Pfanne wenden, die andere Seite ebenfalls backen.

Zum Anrichten gehackte Mandeln unter die Marillenmarmelade rühren. Palatschinken mit der Marillenmarmelade bestreichen und zusammenrollen.

Bei weiteren Fragen Phillip Sigwart von der Zuckerbäckerei Sigwart in Brixlegg anrufen.

Handy im Restaurant? Geht gar nicht mehr

Das Handy ist der Teufel. Das Handy ist ein Teufel, der mir schmeichelt, mir Witze erzählt und mich ablenkt, mir Komplimente macht, niemals von meiner Seite weicht, mich weckt, erinnert und prüft, mir Drogen zusteckt, wann immer ich welche brauche, und dafür nicht mehr will als meine Seele.

Irgendwann, als es mir nicht besonders gut ging, lag ich auf dem Sofa und sah, dass mein iPhone eine neue Funktion hat. Sie zeigt mir, wie viel Zeit ich damit verbringe, zu telefonieren und zu whatsappen, im Internet zu surfen und mir Podcasts anzuhören, Nachrichtenseiten aufzurufen und Hörbücher zu streamen, Musik zu hören, Netflix zu schauen und schlussendlich noch Notizen zu machen, wie ich mein Leben besser in den Griff kriege, Yoga mache, meditiere, joggen gehe. Die neue Funktion zeigte mir, dass ich mehr als zwölf Stunden am Tag am Handy verbringe. Wenn ich jetzt die Zeit dazurechne, die ich einkaufen gehe, koche und schlafe, dann bleibt nicht mehr viel Zeit übrig, die ich ohne mein Handy verbringe.

Das schockierte mich. Ich entschloss mich, eine Zeitlang kein Handy mehr zu verwenden.

In dieser Zeit war ich einmal im Flieger, und neben mir saß einer, der, kaum dass er saß, schon Handy, iPad und Computer ausgepackt hatte. Kopfhörer aufgesetzt, ein letztes Telefonat vor dem Start. Dann Musik. Kopfhörer runter, weil ihn die Stewardess ermahnte, bei der Sicherheitsdurchsage zuzuhören, dann Kopfhörer rauf. iPad. Zehn Minuten lang einen Film anschauen. Kaum waren wir auf Reiseflughöhe: im Computer Excel-Tabellen durchgehen. Computer weg, Kopfhörer rauf, ein paar Minuten Solitaire oder Backgammon spielen. Dann waren wir schon im Landeanflug, und kaum hatte die Maschine auf der Landepiste aufgesetzt, checkte er schon wieder seine E-Mails.

Ich schaute mir den Typen an und dachte mir: Was bist du für eine arme Sau! Deine Geräte haben dich im Griff wie das Crack den Junkie. Und nur eine Sekunde später fiel mir auf: Das bin doch ich. Wie in einem Spiegel sah ich mich selbst und dachte mir: wie ekelhaft! Und ganz ehrlich, ich war dann auf einer Kur und habe acht Tage lang das Handy nicht mehr angefasst. Meine Familie wusste, wo ich bin. Sie hatten die Festnetznummer von meinem Hotel. Und mein Handy war aus.

Wenn es um Detoxing geht, dann ist mittlerweile längst nicht mehr allein Essen und Trinken gemeint. Ich bin ein überzeugter Kulinariker, aber für mich ist es inzwischen zu einem größeren Problem geworden, aufs Handy zu verzichten, als auf Essen. Das heißt, ich bin lieber hungrig als ohne Empfang.

Das ist ein Phänomen von großer Tragweite. Wir alle haben übersehen, was in den letzten Jahren über uns hereingebrochen ist – und was es mit uns gemacht hat. Was es mit uns macht. Jeden Tag. Jede Stunde. Diese Selbstverständlichkeit, mit der uns der Teufel Handy nachschauen lässt, was es für News gibt, was welcher Politiker gequasselt hat, was die Kollegen auf Instagram unternehmen, welche Katze gerade am lustigsten dreinschaut – es hat ja niemals ein Ende.

Ich schwöre: Würde ich heute ein Restaurant aufsperren, kommst du nicht mehr mit Handy rein. Es ist ja längst kein positives Marketing mehr, wenn auf Tausenden von Instagram-Accounts deine Gerichte kursieren, mehr oder weniger schlecht fotografiert. Im Gegenteil, es produziert zahllose Gäste, denen es wichtiger ist, den Teller abzufotografieren, als das Gericht zu essen, solange es warm ist.

Das beste Marketing für ein neues Restaurant wäre für mich, wenn ich schon bei der Reservierung erfahre, dass ich beim Betreten des Restaurants mein Handy abgeben muss und es erst nach dem Begleichen der Rechnung an der Garderobe zurückbekomme. Damit gewährleiste ich, dass meine Gäste den Abend genießen, ohne ununterbrochen davon abgelenkt zu werden, sich miteinander und dem Essen zu vergnügen.

Mein Vorschlag: Ein Kellner kommt mit dem Brotwagen, und ein anderer mit der Kamera. Der fotografiert die Gäste und schickt ihnen die Bilder – und Bilder von den Gerichten – aufs Handy, damit sie Content für ihre sozialen Netzwerke haben. Bilder, auf denen sie gut ausschauen – und unsere Gerichte auch.

Fotografiere ich selbst, wenn ich im Restaurant sitze? Aber sicher. Ich habe ungefähr 14.000 Fotos von irgendwelchen Gerichten. Aber ich erinnere mich nur an die wenigsten, und ich glaube, das hat damit zu tun, dass auch ich die Erinnerung an ein gutes Essen, an die Arbeit eines engagierten, begabten Kochs an mein Handy auslagere: Das Foto ist eh in der Datenbank, da muss ich mir nicht selbst die Mühe machen, es in meinem Kopf abzuspeichern. Ich bin überzeugt, du merkst dir Gerichte, die du nicht fotografieren darfst, viel besser, weil du ihnen deine eigene, konzentrierte Aufmerksamkeit widmest.

Ein modernes Restaurant müsste also für mich in diesem Punkt ganz bewusst antimodern sein. Kein Netz, keine Handys, keine Fotos. Der Teufel kriegt keine Reservierung. Er wartet zähnefletschend draußen vor der Tür, bis wir wieder rauskommen.

Zwischen Arroganz und Unkenntnis: Wie wir die Trinkgeldfrage lösen könnten

Klar gebe ich Trinkgeld. Wenn ich merke, dass jemand alles dafür gegeben hat, dass ich im Restaurant oder Hotel wunderbare Momente erlebe, dann gebe ich sogar sehr großzügig Trinkgeld. Ich gebe allerdings auch Trinkgeld, wenn ich eigentlich nicht besonders zufrieden bin mit der Performance eines Servicemitarbeiters, und das ist bescheuert – und ich weiß es.

Fangen wir gar nicht erst darüber zu diskutieren an, dass das Trinkgeld für viele Menschen ein Lohnbestandteil ist.

Weiß ich.

Ich weiß auch, dass es in den meisten Restaurants ausgeklügelte Punktesysteme gibt, nach denen das Trinkgeld an alle Mitarbeiter verteilt wird. Der Kellner kriegt ein bisschen mehr Geld als der Koch, aber auch der Abwäscher kriegt noch ein bisschen was.

Interessiert mich aber nicht, denn ich bin der Meinung, dass Menschen, die besser arbeiten, automatisch auch besser entlohnt werden sollen. Wenn sich also jemand darauf einlässt, für einen Lohn zu arbeiten, von dem er eigentlich nicht leben kann, und sich von seinem Chef davon überzeugen lässt, dass er eh genug Trinkgeld machen wird, ist er selber schuld.

Ich finde, dass Trinkgeld wirklich eine Auszeichnung für besonders gute Leistungen sein sollte und nicht eine Selbstverständlichkeit, auf die sogar die unfreundlichsten Taxifahrer der Welt – ich sage nicht, welche ich meine (psst: es sind die in Wien) – einen Anspruch zu haben glauben. Trotzdem lasse ich mir nur höchst selten auf den Cent herausgeben, selbst wenn der Fahrer ganz offensichtlich eine falsche Route gewählt hat und sein fünfzehn Jahre alter Mercedes nach Schweiß und Zigaretten riecht. Im Vergleich zu dem Euro, den dieser Typ bei mir abstaubt, sind die zwei Euro, die ein freundlicher, einfühlsamer Fahrer im nagelneuen, gelüfteten Benz bekommt, natürlich zu wenig. Viel zu wenig.

Und wieso kriegen überhaupt nur die Menschen ein Trinkgeld, bei denen du deine Rechnung bezahlst? Wieso kriegt nicht die Arzthelferin etwas, die mich zum Lachen bringt, obwohl ich gleich eine Magenspiegelung habe? Oder meine Freunde im Wertstoffhof Salzburg, die mir beim Mistabladen helfen und dabei so freundlich sind, dass ich immer guter Laune bin, wenn ich den Müll weggebracht habe? Oder die Kassiererin an der Supermarktkasse, der ich liebend gern zwei Euro aufdrängen würde, weil sie ihren Scheißjob mit einem freundlichen Lächeln macht – aber sie denkt gar nicht daran, die zwei Euro zu nehmen, und ist entrüstet, als hätte ich ihr ein unsittliches Angebot gemacht. Plötzlich fühle ich mich wieder wie in Japan.

In Japan gibt es das Prinzip Trinkgeld überhaupt nicht. Du bezahlst, was auf der Rechnung steht, keinen Yen mehr.

Für uns Kunden ist das unglaublich angenehm, weil wir nicht, während wir die Brieftasche aus der Hosentasche nesteln, darüber nachdenken müssen, was denn eigentlich wirklich auf der Rechnung steht, also inklusive meiner subjektiven Zufriedenheit, für die ich jetzt noch einen nicht festgelegten Preis auf die Rechnungssumme draufschlage.

Sagst du einem japanischen Taxifahrer, er soll sich die zehn Yen behalten, die auf die nächste runde Summe fehlen, dann weiß er nicht, wovon du sprichst. Wie – behalten? Was – danke? Hier sind die zehn Yen, auf Wiedersehen – und versuchen Sie bitte nie wieder, mir etwas zu geben, was mir nicht gehört.

In den USA ist es genau andersrum. Selbst wenn ich in einem Restaurant etwas Beschissenes gegessen habe, was mir der Kellner freudlos und uncharmant auf den Tisch geknallt hat, muss ich mindestens 20 Prozent Tip geben. Steht im Kleingedruckten auf der Karte. Samt der Steuer, die auch noch dazukommt, summieren sich dann die 25 Dollar, die ein kleines Steak kostet, auf fast 40. Und wenn ich dann der Meinung bin, ich gebe dem unfreundlichen Sack, der mich bedient hat, kein Trinkgeld, dann holt der die Polizei, und die legt mir Handschellen an, weil ich ein Zechpreller bin. Keine Ahnung, warum nicht gleich auf der Karte stehen kann, dass das Steak 40 Dollar kostet.

Es gibt also äußerst unterschiedliche Ansätze, wie man am besten mit diesem Thema umgeht. Ich persönlich finde natürlich das japanische Prinzip am besten, weil es für den Gast am klarsten ist. Und wenn die derzeitigen Preise zu niedrig sind für Inhaber und Mitarbeiter, dann hebt sie doch einfach um die zehn Prozent an, die ihr euch von mir erwartet, und erlaubt mir dafür, dass ich nach einem schönen Essen über nichts mehr nachdenken muss, außer wie ich jetzt am besten nach Hause komme.

Und wenn wir schon dabei sind: Rechnet doch bitte auch das bekackte Gedeck in den Gesamtpreis ein, damit ich mich nicht darüber ärgern muss, dass ein Stück Weißbrot und ein Fingerhut voll Olivenöl fünf Euro kosten, obwohl ich sie gar nicht bestellt habe.

Denn wenn ihr macht, was ihr wollt, dann mache auch ich, was ich will. Dann fresse ich das nächste Mal mein ganzes Menü mit den Händen und Füßen – außer ihr lasst auf der Rechnung das Gedeck weg. Und wenn ich der Kassiererin im Supermarkt ein Trinkgeld geben will, dann lege ich es ihr einfach hin und renne weg, damit ich gar nicht erst sehe, ob ich sie damit beleidigt habe. Und wenn mich der nächste Taxifahrer in Wien wieder blöd anmacht, dann steige ich aus, ohne zu zahlen – und renne ebenfalls.

Die Folterbank des Reisenden: Frühstück im Hotel

Eine Begleiterscheinung meiner Fernseharbeit ist die Tatsache, dass ich viele Monate im Jahr nicht zu Hause, sondern im Hotel wohne. Als ich zum Beispiel begann, „First Dates" zu drehen, stieß ich in Köln auf das „Savoy Hotel", das einen Werbespruch hatte, der mir gefiel: „Einfach einzigartig. Einfach faszinierend. Einfach zu Hause sein. Einfach entspannen. Einfach genießen". Das berührte mich irgendwie, weil ich mich ja gern zu Hause fühlen wollte.

Aber jeden Tag, wenn ich im „Savoy" beim Frühstück saß, kam der Kellner oder die Kellnerin – ich kannte sie alle längst – und stellte mir dieselbe Frage: „Guten Morgen. Ihre Zimmernummer?"

Zuerst antwortete ich folgsam, aber irgendwann dachte ich mir: Wenn ich mich hier zu Hause fühlen soll, dann sollten meine Gastgeber irgendwann wissen, wer ich bin. Meine Frau fragt mich ja auch nicht in der Früh nach meinem Namen.

Das ist jetzt übrigens kein Thema, bei dem sich meine Arroganz offenbart oder der Wunsch, prominenter zu sein, als ich bin. Aber ich finde, dass ein Hotel, das sich „Zuhause" nennt, seine Stammgäste kennen muss. Das ist vielleicht eine kleine Herausforderung für das Personal, aber die Aufgabe ist lösbar. Im „Mandarin Oriental" in Bangkok hängen zum Beispiel Bilder der Stammgäste samt Namen und Zimmernummer beim Küchenausgang – da fragt dich kein Kellner nach deinem Namen, selbst wenn er gerade erst angefangen hat. Und dort wohnen 500 Gäste mehr pro Nacht als im Savoy.

Um das klarzustellen: Das ist kein Vorwurf an die Kellner vom „Savoy", die mir mein Croissant und den Espresso bringen. Es ist ein Vorwurf an ihre Chefs im Management, die nicht daran denken, wie sie den Slogan ihres Hotels in der Realität einlösen. Wenn ihnen nichts daran liegt, dass ihre Stammgäste sich zu Hause fühlen, sollen sie doch den Slogan ändern. Zum Beispiel: „Savoy Hotel. Unsere Gäste sind uns egal." Dann passt es wieder.

Aber eigentlich wollte ich ja über Frühstück im Hotel sprechen. Beziehungsweise darüber, warum ich mir angewöhnt habe, das Frühstück auszulassen.

Ich bin ja eine korrupte Person. Sobald ich gutes Essen bekomme, kann man von mir alles haben. Umgekehrt stimmt das leider auch. Wer mir schlechtes Essen vorsetzt, muss mit meinem heiligen Zorn rechnen.

Frühstück im Hotel gehört fast immer zur zweiten Kategorie. Frühstücksbüffets schauen zwar groß und reichhaltig aus, aber sobald man genauer hinschaut, gibt es nichts zu sehen. Warum zum Henker legt man zum Beispiel zehn verschiedene Schinken aufs Büffet? Mir fällt nur ein Grund ein: weil der F&B-Manager, der für die Auswahl der Lebensmittel zuständig ist, keine Ahnung davon hat, welcher der gute Schinken ist. Hätte er diese Ahnung, würde es nämlich ausreichen, wenn er nur den guten Schinken herlegt, von mir aus einen rohen und einen gekochten, damit die heiklen Gäste sich nicht beschweren, dass sie keine Auswahl haben.

Wenn dieser Schinken gut ist, bin ich schon glücklich. Und zahm. Das gilt im Übrigen genauso für den Käse – warum sollte ich fünfzehn verschiedene Käsesorten brauchen? Gebt mir einen einzigen, der wirklich was taugt. Und schneidet den Obstsalat nicht am Abend davor, sondern frisch in der Früh. (Wobei man an vielen Orten schon froh sein muss, wenn der Obstsalat überhaupt aus frischem Obst geschnitten und nicht fertig im Eimer in der Zuckerlake vom Gastronomiegroßhandel angeliefert wird.) Gebt mir frisches, duftendes Brot – für mich das Wichtigste am Frühstückstisch – und einen Orangensaft, der frisch gepresst wurde und nicht aus dem Tetrapak kommt.

Eines meiner überzeugendsten Frühstücke hatte ich im „Taubenkobel" im Burgenland. Dort war jedes einzelne Lebensmittel sorgfältig ausgewählt, bis hin zu den Eiern mit hellgrüner Schale, die von alten Hühnerrassen stammen. Dazu gab es kleine, gut überlegte und mit Liebe gekochte Gerichte, und ich musste keine Sekunde darüber nachdenken, ob ich vielleicht das Frühstück auslasse oder nicht – wie gesagt, ich bin korrupt: Ist das Frühstück gut, ist es die wichtigste Mahlzeit am Tag. Ist es schlecht, mache ich Diät.

PS: Wenn ich einmal, eines Tages in weiter Ferne, eine kleine Drei-Sterne-Pension eröffne, dann wird es dort zum Frühstück ein gutes Brot geben, eine sehr gute Butter vom Bauern um die Ecke, eine selbst eingekochte Marmelade – habe ich schon einmal erwähnt, dass ich ein herausragender Marmeladenkoch bin? – und fertig. Wenn meine Gäste einen Schinken oder einen Käse wollen, kriegen sie den frisch aufgeschnitten, müssen aber auch dafür bezahlen. Dafür habe ich keine vorgefertigte Schinkenplatte auf dem Büffet stehen, die erstens nicht frisch ist und zweitens meinen Wareneinsatz in die Höhe treibt. Ich habe ja auch nur drei Sterne.

Wie der Gault&Millau die besten Köche Österreichs in Geiselhaft nimmt

Ich habe eine wechselvolle Geschichte mit dem Gault&Millau. In meinem ersten Buch „Serviert" und in einigen Interviews habe ich sehr offen gesagt, was ich über diesen Restaurantführer denke. Damit habe ich mir nicht nur Freunde gemacht – zum Beispiel die Herausgeber des Gault&Millau.

Ich hatte dann in Wien eine Veranstaltung, zu der auch Karl Hohenlohe, der gemeinsam mit seiner Frau Martina den Gault&Millau Österreich herausgibt, eingeladen war. Das war im Augarten. Am Anfang dachte ich mir noch: Oje, das wird ein Gemetzel werden, aber es kam ganz anders. Hohenlohe kam zu mir, gab mir die Hand und bot mir an, dass wir das Kriegsbeil begraben.

„Okay", sagte ich.

„Begraben wir das Kriegsbeil."

Seither streiten wir nicht mehr öffentlich. Ich fand Herrn Hohenlohe persönlich sympathisch und würde sofort einen Drink an der Bar mit ihm nehmen oder sogar essen gehen. Aber an meiner Einstellung gegenüber seinem Guide und den Geschäften, die er rundherum macht, hat sich nichts geändert. Wieso auch? Mir gefällt nicht, nach welchen Kriterien der Gault& Millau bewertet, mit welchen Gründen er so bewertet, wie er seine Macht ausübt und wie er sein Geld verdient.

Nehmen wir nur ein Beispiel: die Gault&Millau Genuss-Messe. Da treten unzählige österreichische Köche auf, darunter ganz viele, die meinen größten Respekt genießen. Sie arbeiten gratis für den Gault&Millau, der seinerseits Eintrittskarten für 75 Euro verkauft. Die Köche reisen aus ganz Österreich an. Sie müssen ihre Mitarbeiter selbst bezahlen. Ihre Präsenz und ihre Arbeit sind gratis.

Ich frage mich, warum sie das tun.

Ein Schelm, wer denkt, dass es mit den Bewertungen zu tun hat, die jeden Herbst im Gault&Millau erscheinen. Ich brauche nicht besonders viel Empathie, um mich in einen Koch hineinzuversetzen, der nachdenkt: Soll ich den Hohenlohes sagen, dass ich keinen Bock auf ihre Messe habe? Oder hat das dann Auswirkungen auf meine Bewertung?

Ich finde es einerseits schwach von meinen Kollegen, dass sie gratis arbeiten, damit wer anderer ein Geschäft macht. Aber ich finde es vom Gault&Millau höchst unprofessionell, dass er die Köche überhaupt in eine solch prekäre Lage bringt. Wer soll denn an die Unabhängigkeit einer Bewertungsinstanz glauben, wenn sie Geschäfte mit denen macht, die sie bewertet? Wie kann ich einen Guide ernst nehmen, der direkt von denen profitiert, die er auszeichnet?

Und ich frage auch meine Kollegen: Steht euch wirklich der Sinn danach, dass ihr euch am Wochenende trefft und miteinander auf die Gault&Millau-Haubenköchewanderung geht? Trefft euch doch zum Baden und zum Grillen, wenn ihr Lust darauf habt, und nicht zugunsten des Gault&Millau. Glaubt ihr, dass sich irgendwer dafür interessieren würde, wenn Herr und Frau Hohenlohe auf einen Berg wandern? Interessant ist es nur, weil ihr dabei seid. Aber weil ihr so viele seid, nützt es nicht jedem Einzelnen von euch, sondern nur dem Veranstalter, dem Gault&Millau.

Ich frage die Winzer, die ihre Weine auf der Genuss-Messe verschenken: Für wen tut ihr das? Wenn ihr dem Gault&Millau so viel Wein schenkt, könnt ihr doch auch gleich mir ein paar Flaschen vorbeibringen – und jedem anderen, der gern gratis ein gutes Glas trinkt.

Das Schlimmste aber ist für mich, dass alle Beteiligten ganz genau wissen, worauf sie sich einlassen. Dass sie wissen, dass es geschäftlich und moralisch ein Wahnsinn ist, was sie da tun. Dass sie sich, ohne explizit bedroht zu werden, erpressen lassen. Im eigenen Haus wird jeder Cent zweimal umgedreht, weil nur gut kalkulierende Gastronomen über die Runden kommen. Aber für den Gault&Millau ist nur das Beste gut genug – und es darf nicht einmal etwas kosten. Ich finde, da kann man von Niki Lauda lernen, Gott hab ihn selig: „Ich hab ja nichts zu verschenken."

Jeder weiß, wie sehr ich die besten Gastronomen Österreichs mag und wie sehr ich sie respektiere. Ich finde, dass sie kollektiv nein sagen sollten, wenn die Einladung zur nächsten Genuss-Messe ins Haus flattert. Wenn sie sagen: Wir kommen nur, wenn ihr mir denselben Preis bezahlt, den alle meine Kunden für mein Essen bezahlen müssen, dann werden ihnen auch die jüngeren Kollegen folgen, die nur dabei sind, weil die Spitzengastronomen dabei sind. Und dann werden wir ja sehen, wer am längeren Hebel sitzt: der Gault&Millau oder die hundert besten Köche Österreichs.

Ich könnte mir noch etwas anderes vorstellen: Ich übernehme die Messe und mache gemeinsame Sache mit all den Köchen. Und vom Gewinn gehen wir alle gemeinsam essen.

(MINDESTENS)
Zehn Kochbücher, die jeder zu Hause haben sollte

Was ist ein richtig gutes Kochbuch? Ich finde, dass man kulinarische Bücher nicht einfach nach der Qualität ihrer Rezepte beurteilen kann – sondern danach, ob sie beim Lesen Lust darauf
machen, von der Couch aufzustehen und in die Küche zu gehen,
um irgendetwas zu kochen.

Klar, umso besser, wenn ein Rezept dafür da ist – aber
manchmal ist es eben nur eine Stimmung, eine Idee, ein Geschmack, der einem durch den Kopf geistert, worauf der Gau-
men beleidigt ist und sagt: Ich auch!

Nur zur Warnung: Ich bin kein Junkie von Neuerscheinun-
gen. Einige der Bücher, die ich hier empfehle, gibt es nur noch
antiquarisch zu kaufen. Über das Internet geht das total easy –
und ansonsten besorgt es vielleicht auch euer Buchhändler gern
für euch.

1. Mein erstes Buch ist ein Roman des Schriftstellers Martin Suter und heißt **„Der Koch".** Ein richtig geiles Buch. Ich habe der Hauptfigur, die Koch ist, jedes Wort und jeden Handgriff geglaubt, und ihr könnt mir glauben, dass ich kritisch bin. Wenn bei den Beschreibungen auch nur ein Detail nicht stimmt, klapp ich das Buch zu und schaue mir ein Folge „"Chef's Table" an. Jeder, der etwas mit Essen am Hut hat, sollte dieses Buch lesen. Martin Suter. Der Koch. Diogenes. € 13,00.

2. Mein zweites Buch ist **„Cookys Reise"** von Werner Köhler. Die Geschichte eines Zwei-Sterne-Kochs, für den es im Leben nichts als seine Arbeit gibt, bis er irgendwann draufkommt, dass er gerade etwas verpasst. Dann schnappt er sich seinen Sohn und macht mit ihm eine Reise. Das Buch hat mir Frank Plasberg geschenkt, als ich beim „Hangar-7" aufgehört habe. Er sagte: „Lies das mal durch. Das könnte dir gerade jetzt viel bedeuten." Er hatte recht. Ein unglaublich schönes Buch, für das ich ihm sehr dankbar bin. Werner Köhler. Cookys Reise. Kiwi. € 9,99.

3. Das erste echte Kochbuch ist **„Astrance"** von Pascal Barbot. Unverständlich, dass der Michelin ihm den dritten Stern genommen hat. Das hätte schon aus Respekt vor seiner Lebensleistung nie passieren dürfen. Es gibt für mich keinen, der ein größeres Lebensmittelwissen hat als Pascal Barbot. Das Buch ist ein Panorama seiner Weitläufigkeit. Allein die Ideen für die verschiedenen Öle und Infusionen sind das Geld wert. Ganz, ganz geil. Pascal Barbot. Astrance. A Cook's Book. Éditions du Chêne. Nur antiquarisch erhältlich.

4. Dieses Buch namens **„Wiener Süßspeisen"** bekommt sicher keinen Designpreis. Vor allem nicht die alte Ausgabe, die ich seit Jahrzehnten in der Küche stehen habe. Aber das sagt ja schon alles. Sobald ein Kochbuch nicht im Regal, sondern in der Küche steht, ist der Beweis erbracht, dass man es braucht – und dass die Rezepte funktionieren. In keiner Disziplin braucht man Rezepte dringender als bei Süßspeisen (Seite 161), deshalb ist dieses Buch ein wichtiger Begleiter durchs Küchenleben.

Karl Schuhmacher. Wiener Süßspeisen. Trauner Verlag. € 64,90.

5. Ein absolutes Kultbuch ist David Thompsons **„Thai Food".** Die Thaiküche ist sowieso eine der Küchen, die alle mögen, und das beste Buch darüber wurde witzigerweise von einem Nicht-Thailänder geschrieben. Großartig, wie dem Leser die Essenskultur Thailands so nahegebracht wird. Du lernst in dem Buch nicht nur, wie du würzen, sondern sogar wie du schneiden musst. Einfach unersetzlich.

David Thompson. Thai Food. Pavilion Books. € 28,99. Deutsche Ausgabe vergriffen. Neuausgabe bei Echtzeit in Vorbereitung.

6. Das nächste Buch ist kein Buch über das Kochen, sondern über das Leben in der Küche. Eine Journalistin geht in die Küche von Gordon Ramsey und fängt die Stimmung dieses Irrenhauses perfekt ein. Die Reportage **„Die Irren mit dem Messer"** hat mich sehr berührt, weil sie nicht nur den Wahnsinn schildert, sondern auch die positiven Seiten: den Zusammenhalt der Crew, dieses Gefühl, durch die Hölle zu gehen – aber gemeinsam. Ich hatte beim Lesen Tränen in den Augen.

Kein anderes Buch hat es geschafft, mich emotional so in die Zeit der „Aubergine" zurückzukatapultieren – außer vielleicht **„Hitze"** von Bill Buford. Das erzählt über die Arbeit bei Mario Batali – auch eine erstaunliche Geschichte.

Verena Lugert. Die Irren mit dem Messer: Mein Leben in den Küchen der Haute Cuisine. Knaur. € 9,99.

Bill Buford. Hitze: Abenteuer eines Amateurs als Küchensklave, Sous-Chef, Pastamacher und Metzgerlehrling. Goldmann. Antiquarisch erhältlich.

7. Eigentlich ist es unmöglich, zehn Bücher zu empfehlen, von denen nicht mindestens die Hälfte aus der Küche von Herrn

Witzigmann kommt. Es wäre auch kein Problem, alle zehn Positionen mit Büchern vom Chef zu besetzen. Ich wähle sein **„Tantris-Kochbuch"**, weil es einfach zeigt, wie weit Herr Witzigmann seiner Zeit voraus war und auf welchem Niveau er Gerichte entwickelt hat, als Deutschland noch eine kulinarische Wüste war. Aber jedes seiner vierzig oder fünfzig Bücher ist großartig, weil er nie ein Rezept aus der Hand gibt, hinter dem er nicht zu hundert Prozent steht. Manchmal passiert es, dass er mich anruft und fragt: „Du, Roland, du hast doch sicher ein Rezept für einen Grießknödel?" Darauf habe ich immer dieselbe Antwort: „Chef, ich schaue gleich in einem von Ihren Büchern nach und schicke es Ihnen!" Denn er hat schon alles rezeptiert. Und es gibt keinen besseren Grießknödel als den, den Herr Witzigmann für gut befunden hat.

Wenn ich mir eine Handvoll Bücher von ihm aussuchen müsste, wären es das Dessertbuch „Süße Verführungen", dann „Sechs Jahrzehnte", „Meine hundert Hausrezepte" und das vegetarische Kochbuch, das er mit Alfred Biolek gemacht hat: „Alternativen zu Fisch und Fleisch". Und „Junges Gemüse". Ach, und alle anderen auch.

Eckart Witzigmann. Mein Tantris-Kochbuch: Erinnerungen und Rezepte. Mosaik. Antiquarisch erhältlich.

8. Dieses Buch ist ein Kultbuch, weil es die Aufmerksamkeit der Menschen darauf lenkt, dass Tiere nicht nur aus ihren sogenannten Edelteilen bestehen. Fergus Henderson hat mit **„Nose to Tail"** ein schönes, witziges Kochbuch geschrieben, das unglaublich lässige Fotos hat und etwas mitbringt, was mir so gut gefällt: die Freude am Einfachen. Wenn ich sein Rezept für Radieschensalat mit Butter lese, bin ich schon unterwegs zum Gemüsehändler.

Fergus Henderson. Nose to Tail. Echtzeit. € 49,00.

9. Ferran Adrià (Seite 138) ist ein Revolutionär der Weltkulinarik. Aber hie und da möchte er offenbar auch nur ganz einfach etwas essen. Alle seine früheren Bücher sind Kunstwerke und völlig abgefahren – aber kochen kannst du nichts daraus. **„Das Familienessen"** ist genau das Gegenteil. Eine Gebrauchsanweisung fürs Kochen, in Wort und Bild. Wenn du kochen kannst, dann holst du dir hier super Anregungen. Und wenn nicht, dann schau dir dieses Buch gut an – und nachher wirst du es können. Besonders schön.

Ferran Adrià. Das Familienessen. Phaidon. Antiquarisch erhältlich.

10. Die letzte Position teilen sich zwei Grundlagenwerke, ein teures unglaubliches und ein günstiges unglaubliches. Das eine ist die **„Modernist Cuisine"**; ein Grundlagenwerk über die zeitgemäße Küche: Dir bleibt der Mund offen stehen, so viele Fakten, Zusammenhänge, aber auch noch nie gesehene Bilder brechen über dich herein. Jeder, der sagt, er hat alle fünf Bände von vorne nach hinten gelesen, lügt. Aber jeder, der sagt, dass ihn dieses Buch kaltgelassen hat, lügt auch. Kostet ein Vermögen. Für einen Foodwichser wie mich ist es aber jeden Cent wert.

Das andere, **„Der Geschmacksthesaurus"**, ist ein kleines
feines Buch, in dem alle möglichen Geschmäcker und ihre Kombinationen ausprobiert werden – auch ein Nachschlagewerk, aber deutlich praktischer (und ein paar hundert Euro billiger).

Nathan Myhrvold et al. Modernist Cuisine. Taschen. € 399,00.

Niki Segnit. Der Geschmacksthesaurus. Ideen, Rezepte und Kombinationen für die kreative Küche. Bloomsbury Berlin. € 25,00.

DIE WELTBESTEN FLEISCHPFLANZERL UND KARTOFFEL-KOHLRABI-SALAT

Ich habe jahrelang jeden Tag in einem Drei-Sterne-Restaurant Fleisch-pflanzerl gemacht – in Eckart Witzigmanns „Aubergine" in München. Das Besondere daran ist, dass Schinken zusammen mit dem Fleisch durch den Fleischwolf gedreht wird. In diesem Rezept gebe ich auch ein Kalbsbries dazu – eine Hommage an den Chef.

Fleischpflanzerl:

100 g Butter
150 g Zwiebeln, grob geschnitten
190 g Kalbsbriesröschen, geputzt und grob geschnitten
100 g gekochten Schinken, grob geschnitten
½ Knoblauchzehe, grob geschnitten
600 g Kalbshackfleisch
60 g Weißbrot, in Milch eingeweicht und ausgedrückt
20 g Petersilie
2 Eier
15 g Senf
Salz
Schwarze Pfeffermischung
Butterschmalz zum Braten

Kartoffel-Kohlrabi-Salat:

600 g Kartoffeln (La Ratte, Bamberger Hörnchen oder Kipfler)
70 g Butter
35 g Olivenöl
100 g Schalotten, fein gehackt
85 g Essig
50 g Ahornsirup
125 g Geflügelfond
30 g Senf
200 g Kohlrabi, in Würfel geschnitten (ca. 0,5 Zentimeter), gesalzen und 10 Minuten mariniert
Salz

Für die Fleischpflanzerl Butter in einer Pfanne zergehen lassen und Zwiebeln, Bries, Schinken und Knoblauch darin anbraten, bis die Zwiebeln weich gedünstet sind. Petersilie und das eingeweichte Weißbrot dazugeben. Entweder durch den Fleischwolf (feine Scheibe) drehen oder die Ärmel aufkrempeln und die Mischung mit dem Messer so fein hacken wie das Hackfleisch.

Abkühlen lassen, würzen und mit den restlichen Zutaten gut vermischen. Kleine Pflanzerl (je ca. 50 Gramm) formen und in Butterschmalz von beiden Seiten goldbraun braten.

Für den Kartoffel-Kohlrabi-Salat Kartoffeln in der Schale in Salzwasser weich kochen. Schälen und in Scheiben schneiden.

Butter und Olivenöl in einer Pfanne erhitzen, Schalotten darin andünsten. Essig und Ahornsirup einrühren, kurz weiterdünsten und mit Geflügelfond ablöschen. Senf und marinierte Kohlrabiwürfel hinzufügen, aufkochen und kräftig salzen.

Die heiße Mischung über die Kartoffeln gießen und alles gut miteinander vermischen. Vor dem Servieren 20 Minuten ziehen lassen.

Ein Sojahuhn – und warum es das völlige Scheitern des Guide Michelin so gut illustriert

Es gibt in Singapur ein Restaurant namens „Liao Fan Hawker Chan", das berühmt für sein Soya Chicken ist. Eigentlich ist es gar kein Restaurant, eher so eine Art McDonald's-Counter, wo du dir dein Huhn abholst, vielleicht noch ein paar Nudeln und ein bisschen Pak Choi dazu.

Dieses Lokal ist plötzlich weltberühmt, weil der Michelin in Singapur es für notwendig hielt, es mit einem Stern auszuzeichnen. Das war eine Nachricht, die rund um die Welt ging. Als ich mit Frank Rosin „The Taste" drehte, sprachen wir darüber und beschlossen, dass wir uns das einmal anschauen wollen. Zu Weihnachten fuhren wir dann mit unseren Familien nach Singapur.

Kaum waren wir gelandet, sind wir auch schon zum „Liao Fan Hawker Chan" gerannt, weil wir wirklich neugierig waren.

Wir wussten ja, was der Michelin für ein Tamtam macht um den ersten Stern, was da alles stimmen, welcher Aufwand getrieben werden muss. Wie gut musste also dieses Sojahühnchen sein.

Ich hätte es besser wissen müssen, aber ich ging mit der Erwartung dorthin, ein Sojahuhn zu essen, das ich nie mehr vergessen werde. Der Fall ist auch eingetreten, allerdings nicht so, wie ich mir das vorgestellt hatte – man erinnert sich ja nicht nur an positive Erlebnisse.

Dafür, dass es heiß und feucht war, kann natürlich niemand was. Auch dass wir in einer langen Schlange standen und eine Stunde warten mussten, bis wir endlich im Lokal waren –geschenkt. So ist das in Restaurants, wo man nicht reservieren kann. Es wäre mir auch egal gewesen, dass wir nach einer Stunde Anstehen keinen Sitzplatz im Lokal bekamen, aber dafür hätte das Soya Chicken schon wirklich sensationell sein müssen. Aber es war – jetzt kommt's – nicht annähernd sensationell, sondern so richtig beschissen. Es war nicht heiß genug, geschmeckt hat es wie Socken. Wirklicher Mist.

Das ging mir jetzt richtig auf die Eier. Weniger, weil der Typ ein Scheißhähnchen macht. Das ist mir doch egal. Aber dass der Michelin, der jetzt jahrzehntelang im Dornröschenschlaf lag und so ziemlich jede Entwicklung in der globalen Kulinarik verpennt hat, auf die Idee kommt, wahllos Sterne an irgendwelche Imbissbuden zu verteilen, macht mir schon zu schaffen. Ich muss nur daran denken, wie viele Gastronomen – selbst schuld, ich weiß – sich in Schulden und Lebenskrisen gestürzt haben, nur um irgendwann diesen Stern zu bekommen. Wenn einer von denen dieses Huhn essen muss, schießt er sich entweder eine Kugel in den Kopf – oder er holt die Machete und macht sich auf die Suche nach dem Michelin-Inspektor, der diese Bewertung zu verantworten hat.

Je länger ich darüber nachdenke, desto mehr komme ich zu dem Schluss, dass sich das Prinzip des Michelin überholt hat. Es kann sein, dass der Michelin seine Verdienste hat, dass er zu einer Zeit, als die Hochküche noch zu hundert Prozent französisch geprägt war, auch kompetent und verlässlich war.

Inzwischen funktioniert Kulinarik aber ganz anders. Geniale Köche wie Thomas Bühner im „La Vie" in Osnabrück müssen aufgeben, obwohl sie mit drei Sternen die höchsten Weihen des Michelin haben. Es gibt unzählige Restaurantkonzepte, die auf verschiedenste Weise großartig sind, was aber mit den überkommenen Kriterien des Michelin nicht erfasst werden kann.

Das hat der Michelin inzwischen auch selbst begriffen. Deshalb beginnt er ja auch, das zu tun, was die 50-Best-Liste vor zwanzig Jahren gefordert hat: Imbissbuden und Sterne-Restaurants auszuzeichnen – nur leider mit dem Ergebnis, dass dabei beschissene Imbissbuden plötzlich als Sterne-Restaurants herauskommen und die babylonische Begriffsverwirrung perfekt ist.

Wäre der Michelin verantwortungsbewusst – und nicht nur irgendein Unternehmen, das mit seiner Ware Geschäfte machen will –, müsste er zugeben, dass er nicht mehr über die Kompetenz verfügt, die internationale Kulinarik zuverlässig und nachvollziehbar zu bewerten. Die Presseaussendung, die ich lesen möchte, könnte dann ungefähr so lauten:

„Wir müssen zur Kenntnis nehmen, dass die traditionellen Stärken des Michelin in einer Zeit globalisierter und diversifizierter Kulinarik nicht mehr ausreichen, um die moderne Gastronomie zu erfassen, zu begreifen und zu bewerten. Da wir uns unserer Verantwortung für die Gastronomie bewusst sind und unsere Kompetenzen nicht ausreichen, dieser Verantwortung gerecht zu werden, stellen wir die Geschäftstätigkeit mit sofortiger Wirkung ein und wünschen allen unseren früheren Partnern und Kunden alles Gute, vor allem aber den jungen Köchinnen und Köchen, die mit ihren Kreationen und Ideen die kulinarische Welt so bunt und interessant machen wie nie zuvor."

Werden wir diese Pressemeldung je lesen? Natürlich nicht. Stattdessen wird es weiterhin Dreisterner geben, die in einer Zeit des Klimawandels die Nachhaltigkeit mit Füßen treten, weil sie nur die schönen Teile des Tiers verwenden und den Rest wegschmeißen. Wir werden miterleben, dass ein prägendes, geniales Restaurant wie das „Noma" zwar jahrelang Platz eins bei den 50 Best belegt, aber vom Michelin nur zwei Sterne bekommt. Das muss mir mal jemand erklären können. Das hat weder mit der Realität noch mit René Redzepi etwas zu tun, das ist der schlagende Beweis dafür, dass der Michelin in seiner Denke und seiner Arroganz stehen geblieben ist und nicht einmal zu den einfachsten Veränderungen fähig ist. Kein Mensch kann verstehen, warum das „Noma" keine drei Sterne hat. Kein Mensch kann verstehen, dass das „Steirereck" keine drei Sterne hat. Ich mag Juan Amador ja seine drei Sterne gönnen, aber dass er drei Sterne hat und das „Steirereck" nicht, ist einfach nur peinlich. Nicht für Juan, nicht für das „Steirereck", aber für den Michelin. Sollen sie bitte den Stern, den sie dem Hühnerstall in Singapur gegeben haben, dem „Steirereck" oder dem „Noma" geben.

    Jetzt ganz im Ernst: Der Hühnerimbiss hat einen Stern, und das „Noma" hat zwei? Wie erklärst du das irgendwem? Das ist reiner Wahnsinn.

DAS WELTBESTE POLLO CON CEBOLLA

Pollo con Cebolla, Huhn mit Zwiebeln, habe ich auf Mallorca kennen-gelernt. Es ist ein sehr einfaches Gericht, wird im Schmortopf gemacht und kann eigentlich nicht misslingen. Die Kombination mit der Zwiebel finde ich spannend, weil die Zwiebel ein wandlungsfähiges Gemüse ist, von brachial und scharf bis zu schmeichelnd und süß: Dr. Jekyll und Mr. Hyde aus der Gemüsekiste.

Pollo con Cebolla:

4 Perlhuhnkeulen
4 Perlhuhnflügel
100 g Olivenöl
400 g weiße Zwiebeln, in Streifen geschnitten
350 g Schalotten, im Ganzen
180 g eingelegte Perlzwiebeln
60 g Taggiasca-Oliven, ohne Kerne
350 g Weißwein
2 Spitzpaprika, der Länge nach geviertelt
1 Sternanis
Schwarzer Pfeffer oder Pfeffer-mischung Schwarzes Gold
2 Lorbeerblätter
2 Knoblauchzehen
5 Korianderkörner, leicht angedrückt
400 g Geflügelbrühe

Zum Anrichten:

20 g Butter
20 g Olivenöl
1 EL Pinienkerne, gehackt
1 EL Petersilie, gehackt
1 TL Rosmarin, fein gehackt

Für das Pollo con Cebolla Perlhuhn-keulen und -flügel salzen und in einem großen Schmortopf im Olivenöl an-braten. Fleisch herausnehmen und zur Seite stellen.

Zwiebeln und Schalotten ins Öl geben und ebenfalls anbraten. Perlzwiebeln unter fließendem Wasser abspülen und dazugeben, ebenso die Oliven. Etwa 10 Minuten bei niederer Hitze weiter-braten und dann mit dem Weißwein ablöschen. Paprikaviertel, die Gewürze und die Geflügelbrühe hinzufügen, auch das Fleisch wieder in den Topf geben. Alles zusammen 1,5 bis 2 Stunden bei schwacher Hitze köcheln lassen.

Zum Anrichten die Butter und das Olivenöl in einer Pfanne erhitzen. Pinienkerne, Petersilie und Rosmarin darin kurz anbraten. Unter die Sauce rühren. Dazu passen Kartoffeln, Nudeln, gebratener Reis, geröstetes Brot ... eigentlich alles.

Servietten, Handschuhe, Gourmetlöffel. Was die Welt nicht braucht

Dinge, über die ich mich wundere (1): Servietten, die in Form von Stockenten oder Elefanten mit linkshängendem Rüssel auf dem Tisch stehen. Ich schaue mir diese kleinen Kunstwerke an und denke mir: Wie viel Zeit hat es gekostet, bis jemand gelernt hat, Servietten so zu falten? Wie viel Zeit hat es gekostet, bis die Tische des Restaurants in diesen Zoo aus Stockenten und Elefanten verwandelt waren?

Also ehrlich, Freunde: Mir wäre lieber, ihr spart euch diese Stunden und kommt dafür ausgeschlafen zum Service, habt gute Laune und lasst Servietten Servietten sein.

Wenn ich Events mache, bitte ich meine Mitarbeiter, dass sie die gebügelten Servietten einfach über die Stuhllehne hängen. Dann kann jeder selbst entscheiden, ob er sie sich auf die Knie legt, falls ihm kalt ist, oder ob er sie hängen lässt und allenfalls verwendet, wenn er sich ein bisschen Sobrasada-Sud aus den Mundwinkeln tupfen möchte.

Mir leuchtet die Selbstverständlichkeit nicht ein, mit der sich alle Leute die Serviette über die Hose legen. Hat sich dort schon jemals wer angekleckert? Ich bin ein Profi darin, mir das Hemd vollzukleckern, vor allem, wenn das Essen gut schmeckt und eine Sauce dabei ist. Von mir aus auch die Krawatte, wenn ich mir zum Essen schon unbedingt eine umbinden muss. Auch der Blazer ist in Gefahr – aber die Hose? Noch sinnloser geht es wohl nicht.

Da lobe ich mir die Italiener, die sich ihre Serviette vorne ins Hemd stecken, wenn die Pasta aufgetragen wird. Schaut ein bisschen lächerlich und kindisch aus, erfüllt aber zu hundert Prozent den Zweck einer Serviette. Schützt das Hemd – und ist gleichzeitig ein Kompliment an den Koch. Denn die Serviette im Ausschnitt bedeutet ja nichts anderes, als dass die Pasta so gut ist, dass ich sie verschlingen muss und mich dabei nicht darauf konzentrieren kann, mich nicht anzukleckern.

So ergibt eine Serviette für mich Sinn. Auch das Prinzip der Franzosen leuchtet mir ein: Da haben elegante Herren eine Silberkette dabei, die sie sich um den Hals hängen und mit zwei Clips die Serviette schön flächig vor dem Bauch befestigen. Damit ist die Sorge um Hemd und Krawatte vorbei, und man kann sich mit allen Sinnen auf die Bouillabaisse konzentrieren. Hätte ich ein Restaurant – ich würde diese Kette jedem Gast anbieten. Und neben den obligatorischen Zahnstochern auch Zahnseide, damit man sich nach dem Essen von allen lästigen Überresten frei machen kann.

Dinge, über die ich mich wundere (2): dass der Gast nach Ende der Mahlzeit noch ein Geschenk vom Gastronomen erwartet.

Es geht ja schon vor dem Essen mit Geschenken los. Aus der Küche kommt ein Gruß, das Amuse-Bouche. Ein kleines Dankeschön an den Gast, dass er da ist. Nachdem er sich dann acht bis zehn Gänge einverleibt hat, gibt es noch ein Dankeschön:

die Petits Fours zum Kaffee, unendlich aufwendig gearbeitete Pralinen, auf die keine Sau mehr Lust hat, weil man eh schon voll ist bis zum Kragen.

Und dann gibt es die Gäste, die sich erwarten, dass man ihnen jetzt noch einen edlen Digestif aufwartet, wahrscheinlich als Belohnung dafür, dass sie großzügig die vielen Geschenke angenommen haben.

Ich habe mich immer gefragt, wie die Leute auf so eine Idee kommen. Zuerst suche ich natürlich immer die Schuld bei uns Gastronomen selbst. Wir haben die Gäste daran gewöhnt, dass sie noch etwas zu erwarten haben. Der Italiener stellt die Grappaflasche auf den Tisch, zur freien Verwendung, der Grieche schenkt seinen ekligen Ouzo aus, der Wirt an der Ecke quält den Gast mit dem Korn, von dem schon sein Großvater und sein Vater blind geworden sind.

Das hat den Effekt, dass selbst im Fine Dining die Gäste nach dem Essen mit erwartungsvollen Blicken den Kellner anschauen und fragen: „Gibt's noch ein Schnäpschen?"

„Natürlich", sagt mein Kellner. „Ich bringe Ihnen gerne die Digestifkarte."

Aber das ist nicht das, was diese Gäste hören wollen.

Ich stelle mir an dieser Stelle gern vor, wie das in anderen Geschäften aussehen könnte. Ich gehe zum Gemüsehändler, kaufe zwei Kilo Tomaten und sage dem Typen, er soll mir auch einen Bund Basilikum dazu geben. Gratis. Ich werde aber kein Basilikum bekommen, sondern nur sehen, wie der Typ sich an die Stirn greift und mir den Vogel zeigt, völlig zu Recht.

Oder spielt im Fußballstadion jemand fünf Minuten länger, weil heute ich auf der Tribüne sitze? Geht die Netrebko auf die Bühne, sieht mich in der zwölften Reihe und sagt: „Das ist aber schön, Herr Trettl, dass Sie heute da sind. Darf ich zum Dank für Sie ganz persönlich ‚Il ragazzo della via Gluck' singen?"

Ich wäre ja dafür, den Ball an die Gäste zurückzuspielen. Sie sollen uns dankbar sein, nicht umgekehrt. Wir schreiben zum Beispiel eine Position von zehn Euro „Extragratifikation" auf die Rechnung, und wenn jemand fragt, was das soll, dann sagen wir: „Das ist ein kleines Dankeschön dafür, dass Sie heute einen Tisch bei uns bekommen haben."

Vielleicht begreift der eine oder andere dann, wie absurd es ist, von uns einen Schnaps geschenkt haben zu wollen.

Dinge, über die ich mich wundere (3): dass es immer noch Menschen gibt, die nach dem Essen eine Pfeife rauchen wollen.

Ich bin einer von den Schlimmsten. Ihr wisst schon, ein Raucher, der zum Nichtraucher wird, schmeißt mit der letzten Schachtel Muratti jedes Verständnis in den Müll, dass andere Leute gerne eine Zigarette rauchen wollen. Oder, noch schlimmer: eine Zigarre. Am schlimmsten: eine Pfeife.

Pfeifenrauch ertrage ich tatsächlich nicht. Selbst wenn im Biergarten auf dem Viktualienmarkt irgendwo einer seine Pfeife auspackt, kann es sein, dass mir der Gaul durchgeht. Bei Zigarettenrauch bin ich da ein bisschen nachsichtiger, schließlich habe ich selbst zwanzig Jahre lang geraucht, als wäre ich Markenbotschafter von British American Tobacco. Ein leiser, ferner Tabakgeruch stört mich nicht. Aber wenn jemand am Nebentisch zu rauchen beginnt, während ich esse, kann es sein, dass ich aufstehe und etwas sage.

Nichts Freundliches, so viel verrate ich euch – weil ich es nämlich für respektlos halte, wenn jemand raucht, während ich esse, und ich mag es gar nicht, wenn jemand keinen Respekt vor mir hat.

Ich bin kein großer Freund von Verboten, wenn sie Dinge betreffen, die Menschen Genuss verschaffen. Das Rauchen verschafft den Rauchern eindeutig Genuss, aber ich halte es für zumutbar, dass sie draußen vor dem Lokal rauchen. Das mindert den Genuss der Raucher nicht und respektiert die, die sich vom Rauch belästigt fühlen. Ich fände es eigentlich selbstverständlich, dass Raucher und Nichtraucher sich so aus dem Weg gehen. Meiner Meinung nach muss das nicht durch Verbote geregelt werden. Was wird sonst als Nächstes verboten? Dass ich mit meiner Frau im Hotelzimmer vögle, weil das dem Zimmernachbarn zu laut ist?

Dinge, über die ich mich wundere (4): dass jeder Tisch viel zu vollgeräumt ist.

Wie oft ist es uns schon passiert, dass wir ins Restaurant kommen, Platz nehmen und der Tisch ist vollgeräumt mit Besteck und Gläsern für ein achtgängiges Menü. Dabei will ich nur den klassischen Dreigänger essen, und meine Frau will vielleicht ein Glas Weißwein, aber sicher keinen Rotwein. Während wir bestellen, ist der Tisch ein einziger Vorwurf: Bestell mehr, sonst muss ich wieder ab- und neu aufgedeckt werden!

So was geht mir auf die Nerven.

Außerdem ist diese Art aufzudecken total unpraktisch. Ich weiß nicht, wie viele Arbeitsstunden genervter Mitarbeiter in das Hin- und Hertragen von Besteck, Servietten und Gläsern fließen, weil man dem Gast keinen Tisch zumuten will, auf dem ausschließlich ein Messer, eine Gabel, ein Wasserglas und, von mir aus, eine Serviette liegen.

Ich vermute, dass manche Gastronomen ihren Gästen durch eine Batterie von Besteck Großzügigkeit signalisieren wollen. Für mich funktioniert es genau umgekehrt: Ich empfinde es als großzügig, wenn ich Platz habe, ein weißes Tischtuch vor mir und das Besteck, das ich für den nächsten Gang brauche. Ich kann ja nicht atmen, wenn ich zehn Besteckteile vor mir habe. Womöglich liegt das Dessertbesteck auch schon da, für ein Dessert, das in vielleicht drei Stunden serviert wird – bis dahin liegt es wie eine Mauer zwischen meinem Gegenüber und mir.

Warum sind wir da nicht ein bisschen kreativer? Bei „Frantzén" in Stockholm, immerhin einem Dreisterner, bekomme ich ein elegantes Besteckgestell auf den Tisch, wo ich mir rausnehme, was ich gerade brauche. Wie oft hatte ich schon einen geilen Sud im tiefen Teller, und am Tisch befanden sich nur Messer und Gabel, aber kein Löffel. Schon wieder muss jemand laufen, dabei könnte man das Problem ganz leicht lösen.

Dinge, über die ich mich wundere (5): die Themenverfehlung Gourmetlöffel. Wer bitte hat dieses idiotische Gerät erfunden? Was kann ein Gourmetlöffel, was ein richtiger, formschöner Suppenlöffel nicht kann? Das ist genauso bescheuert wie ein Messer ohne Schliff oder eine Suppe, die auf einem flachen Teller angerichtet wird. Weg damit.

Dinge, über die ich mich wundere (6): Kellner mit Handschuhen. Ich frage die armen Kerle immer: Was habt ihr vor? Geht ihr Ski fahren? Kommt die Eiszeit? Diese weißen Handschuhe sind schon allein lächerlich. Aber noch dazu passen sie ganz selten richtig, so dass die Kellner aussehen, als seien sie von Dalí gemalt und die Finger schmelzen ihnen gerade weg. Wofür sind diese Handschuhe überhaupt gut? Entweder das Servicepersonal hat gewaschene Hände, dann braucht es keine Handschuhe aus hygienischen Gründen. Oder die Teller sind so heiß, dass die Mitarbeiter sie nicht ohne Handschuhe zum Tisch tragen könnten, ohne Brandblasen zu bekommen. Dann hat der Koch sein Rechaud nicht im Griff und soll erst einmal lernen, mit Hitze umzugehen.

Dinge, über die ich mich wundere (7): wie spießig viele Kellnerinnen und Kellner angezogen sind.

Es gibt eine ganz einfache Gleichung: Je spießiger die Kleidung des Personals ist, desto schwerer fällt es den Gästen, sich locker und frei zu fühlen. Im Idealfall tragen Servicemitarbeiter keine Uniform, sondern schöne Kleider. Als ich zuletzt in Zürich im „ButchersTable" war, arbeiteten fünf Mitarbeiter im Service, die alle ganz unterschiedlich, aber sehr gut angezogen waren, sehr geschmackvoll, sehr stylish. Für mich der Idealfall.

Klar, es kann schon mal passieren, dass dich jemand anspricht und nach einem kleinen Bier fragt, obwohl du kein Kellner, sondern nur gut angezogen bist. Ich halte es ja für ein Grundproblem, wenn man Kellner nur an ihrer Kleidung erkennt – einen guten Kellner musst du daran erkennen, wie er durchs Lokal geht, mit welchem Blick, mit welcher Körperspannung, mit welcher Körpersprache. Es darf kein Zweifel daran bestehen, ob er Gast oder Kellner ist – und bei einem guten Kellner wirst du auch nie auf die Idee kommen, dass er gerade sein Feierabendbier trinkt. Er wird nämlich, kaum siehst du dich nach ihm um, an deinem Tisch stehen und fragen, welchen Wunsch er dir erfüllen kann. Egal was für Kleider er gerade trägt.

Eine kurze Geschichte dazu: Ich saß in Köln im „25hours Hotel" beim Frühstück. Da fiel mir ein Typ mit langen Haaren und Bart auf. Er trug Jeans, ein lässiges Longsleeve, eine Weste und Sneakers – so wie die meisten Gäste im „25hours" angezogen sind.

Er rannte herum und hatte einen unglaublich guten Blick – die Radaraugen des guten Servicemitarbeiters. Räumte ab, wenn ein Tisch leer wurde, putzte eine Tischfläche, wenn sie nicht sauber war, stand sofort am Tisch, wo jemand noch einen Cappuccino wollte. Kurz: Der Typ machte seine Arbeit genauso, wie ich es schätze.

Als ich mit dem Frühstück fertig war, sprach ich ihn an und sagte: „Respekt. Ich habe selten einen so guten Servicemitarbeiter gesehen wie Sie. Macht eine Freude, Ihnen zuzuschauen."

Der Typ lächelte höflich. Dann sagte er: „Vielen Dank! Wissen Sie, ich bin der Direktor des Hotels!"

Sofort gefiel er mir noch ein bisschen besser. Wie geil ist das denn, wenn der Hoteldirektor im Restaurant herumwirbelt und persönlich jeden Tisch abwischt. Und es ist unfassbar intelligent.

Wenn ich als Küchenchef nach dem Service die Küche zusammenkehre, dann kann ich das selbstverständlich auch von allen anderen Köchen erwarten. Die guten Gastgeber wissen das ganz genau. Wer an einem Sommernachmittag im Münchner Hofgarten spazieren geht, sieht Charles Schumann, wie er die Kartoffeln für seine legendären Bratkartoffeln schält. Wer vor dem Service beim „Noma" vorbeigeht, sieht René Redzepi, wie er den Eingangsbereich fegt. An diesen kleinen Details kannst du die Größe eines Gastronomen ablesen.

Kleines Update: Als ich zuletzt wieder einmal da war, hatte der Mann leider den Job gewechselt (ich wüsste gern, wohin). Und ich saß mit meinen hundert Kilo ewig lang da, ohne dass mich wer sah, und als ich dann einen Cappuccino wollte, sagte mir die Servicemitarbeiterin: Nein, geht leider nicht, die Kaffeemaschine ist schon geputzt, ich kann einen Filterkaffee haben.

Dinge, über die ich mich wundere (8): die Scheiß-Pfeffermühle, mit der mich ein Kellner bedroht, nachdem mir meine Pasta, mein Fisch, mein Tiramisu serviert wurde.

Die Situation kennt ihr alle. Ihr sitzt beim Italiener, bestellt die Rigatoni mit Sugo, und schon steht einer da, in der Hand eine Pfeffermühle so groß wie ein Maschinengewehr und grinst: „Un pochino di pepe, Signore?"

Einzig richtige Antwort: Hau ab mit diesem Scheißgerät und heiz damit den Pizzaofen, damit die Pfeffermühle wenigstens irgendeinen Sinn hat. Wenn der Koch findet, dass Pfeffer auf die Pasta gehört, soll er sie gefälligst pfeffern. Und wenn nicht, dann braucht auch niemand nachzuwürzen – vor allem nicht, bevor er das Gericht überhaupt gekostet hat.

Deshalb misstraue ich auch jedem Restaurant, das Salz und Pfeffer auf den Tisch stellt. Habt ihr in der Küche niemanden, der eure Gerichte richtig abschmecken kann? Oder seid ihr zu faul dazu?

Wenn jemand gern stark gesalzene Gerichte isst, soll er den Kellner um ein bisschen Salz bitten, damit er sein Essen dann persönlich versalzen kann. Der Kellner bringt ihm dafür ein Schälchen mit gutem, schönem Meersalz.

Aber der Salzstreuer mit rieselfreudigem Steinsalz, womöglich noch halb mit Reiskörnern gefüllt, um dem Salz die Feuchtigkeit zu entziehen, ist des Teufels und muss abgeschafft werden. Wenn mich jemand nach meinem nächsten Berufswunsch fragen möchte, bitte sehr:

ROLAND TRETTL, TERMINATOR DER SALZSTREUER-INDUSTRIE.

Der Preis, den ich nie gewann. Über zu viele Auszeichnungen für Köche

Als ich im „Hangar-7" arbeitete, war ich über die internationale Kulinarik so gut informiert wie wahrscheinlich kaum jemand sonst auf der Welt. Ich konnte das Gras wachsen hören. Ich schaute dabei zu, wie aus einem zarten Pflänzchen ein Trend heranwuchs und sich überall breit machte.

Heute bin ich froh, dass es die sozialen Medien gibt. So bleibe ich irgendwie am Ball, auch wenn ich kein Teil der Szene mehr bin. Ich kann auf der Couch sitzen und sehe, wie auf Instagram Gruppen von Typen – hie und da ist auch eine Frau dabei – auftauchen, in die Kamera lächeln und denke mir: Ach so, wahrscheinlich ist wieder einmal die 50-Best-Gala.

Die Liste der World's 50 Best Restaurants hat eine unwahrscheinliche Karriere gemacht, weil sie ein Grundbedürfnis von uns Menschen bedient: Wir wollen wissen, wer der oder die

Beste ist. Dann können wir uns freuen oder den Kopf schütteln und uns ärgern, aber die Botschaft ist klar: Für ein Jahr trägt einer die Krone, darf sich die Nummer eins nennen und muss Rezeptionisten einstellen, die das Telefon abnehmen, das nicht mehr zu klingeln aufhört, weil so viele Foodtouristen im „besten" Restaurant der Welt essen wollen.

Als ich das letzte Mal die übliche Crew sah, wie sie sich für die Bilder schick gemacht hat – ich sah Andreas Caminada, Heinz Reitbauer, David Chang, René Redzepi und noch ein paar vertraute Gesichter –, dachte ich mir kurz: Was? Schon wieder ein Jahr vorbei? Jetzt ist doch gerade erst Massimo Bottura zum besten Koch gewählt worden, oder war es doch Daniel Humm?

Dann fiel mir mein Freund Konstantin Filippou auf, der bis dahin noch nicht bei den 50 Best gewesen war, und als ich dann genauer hinschaute, bemerkte ich, dass es gar keine 50-Best-Veranstaltung war, sondern eine andere, oder sollte ich sagen: eine Anti-Veranstaltung namens „World Restaurant Awards".

Jetzt ist es sowieso schon fragwürdig, wie man den besten Koch der Welt auswählen soll. Aber genauso fragwürdig ist es, die besten Schauspieler der Saison auszuwählen, den besten Film, die beste Regie. Jetzt ist also jemand auf die Idee gekommen, dass die 50-Best-Liste nicht genügt, weil sie die internationale Kulinarik nicht bis in den allerletzten Winkel ausleuchtet. Ich glaube ja nicht, dass es ein Zufall ist, wenn hinter den neuen Restaurant Awards mit Andrea Petrini jemand steht, der früher bei den 50 Best eine tragende Rolle gespielt hat. Natürlich möchte ich ihm nichts unterstellen, aber ich könnte mir schon vorstellen, dass er bei der Gründung der neuen Awards auch im Kopf gehabt hat, die große Bühne der internationalen Kulinarik nicht allein seinen früheren Partnern zu überlassen. Es gibt neben den Oscars ja auch die Emmys, und es wird sich erst herausstellen, wer nun der Oscar und wer der Emmy der Kulinarik sein wird – oder ob es noch einen dritten und vierten Mitbewerber geben wird, der die besten Köche der Welt auszeichnen möchte, bis die besten Köche der Welt überhaupt nur noch durch die Welt reisen und sich dekorieren lassen. Keine Ahnung, wer dann eigentlich in ihren Küchen steht und kocht.

Es gibt viel zu viele Auszeichnungen, Events und Awards. Gault&Millau, Michelin, Rolling Pin, Falstaff, Trophée Gourmet, Aral Schlemmeratlas, 50 Best, Restaurant Awards – und da habe ich mindestens doppelt so viele gar nicht genannt. Die tollen Köche, um deren Arbeit es dabei ja eigentlich geht, werden immer mehr zu armen Schweinen, die gar keine Zeit mehr haben, ihrer eigentlichen Arbeit nachzugehen. Dauernd müssen sie reisen, auf Bühnen steigen, Reden halten, in die Kamera grinsen, und wenn sie dann endlich wieder in ihrer Küche stehen, müssen sie Panik schieben, ob nicht gerade heute der Michelin-Inspektor oder irgendein anderer Tester draußen sitzt und gerade die Nase über die Jakobsmuscheln gerümpft hat.

Mir kommt der Konvoi internationaler Spitzenköche längst wie ein Zirkus vor, der ein paar Tage hier und ein paar Tage dort gastiert. Ich verstehe nicht ganz, warum Charakterköpfe wie Redzepi, Bottura, Chang, Ducasse dabei mitmachen, aber vielleicht sehe ich die Sache auch zu kritisch, und die verschiedenen Awards sind in Wahrheit so etwas wie regelmäßige Klassentreffen, wo man etwas Gutes zu essen bekommt und nett miteinander plaudert.

Eine Sache gefällt mir allerdings an den neuen Restaurant Awards: Sie haben sich lustige Kategorien einfallen lassen. Wir alle wollten doch schon längst wissen, wer die beste Küche ohne Pinzette macht, oder? (Und falls ihr glaubt, das ist ein Scherz: Die Kategorie heißt wirklich so!) Und wer der beste Chef ohne Tattoos ist (auch echt). Alain Ducasse, der beste „Tattoo-free Chef", muss sich gedacht haben, er ist bei der „Versteckten Kamera", als man ihm diese Auszeichnung aufgedrängt hat, aber – richtig – er hätte ja nicht hingehen müssen und sie sich abholen. Also alles in Ordnung.

Ich hätte da noch ein paar Vorschläge für neue Kategorien:

○ Der beste Koch, der keinen Führerschein hat.

○ Der beste Koch, der gerade auf Diät ist.

○ Der beste Koch, der am wenigsten Tage in der eigenen Küche verbringt.

○ Der beste Koch, dem der Guide Michelin genauso auf den Sack geht wie mir.

○ Der beste Koch, der noch nie bei so einem sinnlosen Award aufgetaucht ist:

ABER DIESER TITEL, FREUNDE, IST FÜR MICH RESERVIERT.

Essen ist zu billig. Warum wir mehr Geld fürs Essen ausgeben müssen

Ein Grundproblem der Gastronomie besteht darin, dass sie zu billig ist. Ich denke, dass die Gastronomie viel transparenter mit ihren Preisen umgehen sollte. Jeder Gast sollte wissen, was alles passieren muss, bis der Teller mit dem dampfenden Schweinsbraten, den Knödeln, der Sauce, dem Krautsalat auf dem Tisch stehen kann.

Die Auswahl der Lebensmittel. Der Einkauf. Das Rekrutieren des Personals. Die Lehrlingsausbildung. Das Einrichten der Küche. Das Erfüllen der Auflagen. Die laufenden Kosten. Die ständig eintretenden Notfälle (kaputte Geräte, fehlendes Personal, verdorbene Lebensmittel). Der winzige Profit, von dem der Wirt am Ende noch leben muss.

Ich bin völlig überzeugt, dass niemand ein Problem damit hat, wenn die Preise in der gesamten Gastronomie um zwanzig

Prozent angehoben werden. Mit diesem zusätzlichen Polster an Geld könnte der Gastronom wirtschaften. Besser einkaufen, seine Mitarbeiter besser bezahlen, selbst ein bisschen entspannter durchs Berufsleben segeln. Das alles kommt am Schluss doch nur den Gästen zugute.

Was ich hier sage, ist sicher nicht populär: Ich finde, dass es keine Mittagsmenüs für 6,90 Euro mehr geben soll. Jeder weiß, dass du für diesen Preis nicht Suppe oder Salat, ein Hauptgericht und womöglich noch ein Dessert verkaufen kannst, ohne dass du entweder draufzahlst oder deinen Gästen den letzten Dreck vorsetzt.

Aber ich rede nicht einmal von den Gasthäusern, die glauben, mit solchen Angeboten Gäste locken zu können. Ich rede auch von richtig guten Wirtshäusern, die vielleicht kein Menü für 6,90 Euro verkaufen, aber zum Beispiel einen richtig guten Sauerbraten auf der Karte haben und den für 9,50 Euro anbieten. Himmelkruzifix, wie soll ich denn Respekt vor einem Tier haben, das für mich gestorben ist, wenn eines seiner besten Stücke für 9,50 Euro verkauft wird, plus Klöße?

Es klingt vielleicht arrogant von mir, wenn ich sage, dass mich zu niedrige Preise viel mehr davon abschrecken, irgendwo hineinzugehen, als zu hohe. Aber es ist nicht arrogant, sondern ich kenne mich einfach mit Preisen in der Gastronomie aus. Es gibt nur zwei Möglichkeiten: Entweder ist der Koch bescheuert und kann nicht kalkulieren, dann stimmt mit dem Lokal grundsätzlich etwas nicht, und es wird nicht lange existieren. Oder die Qualität der Lebensmittel, mit denen gearbeitet wird, ist unterste Schublade. Beides schreckt mich ab.

Natürlich gibt es noch etwas dazwischen, was auch mich ins Grübeln bringt. In Palma auf Mallorca kocht zum Beispiel der Gerhard Schwaiger, für mich einer der genialsten Köche, die ich kenne. Zu Mittag bietet der ein Menü an, das wirklich alle Stücke spielt, Vorspeise, Hauptgericht, Dessert, und überall nur vom Besten. Eine Flasche Wasser ist, glaube ich, auch noch dabei. Dieses Menü kostet 25 Euro.

Jetzt weiß ich aber, was in Palma die Lebensmittel kosten, ich bin lang genug dort in der Küche gestanden und kenne noch heute jeden Marktstand. Der Preis von 25 Euro sagt mir, dass ein genialer Koch einen halben Tag in der Küche steht und genau gar nichts verdient, vielleicht sogar noch draufzahlt, wenn irgendein großer Tisch, der reserviert ist, frei bleibt, weil es sich die Herrschaften anders überlegt haben.

Da sage ich mir doch: Lass es, Gerhard. Leg dich an den Strand und lass dir die Sonne auf den Bauch scheinen, bevor du dir für nichts und wieder nichts diese Arbeit antust. Wobei: Ich will dich um Himmels willen nicht auf falsche Ideen bringen. Verlang lieber das Doppelte fürs Mittagsmenü, damit wir beide was davon haben.

Klar, ich kenne die Argumente, warum man das macht: Die Gäste von zu Mittag kommen beim nächsten Mal auch am Abend, wenn das Menü dann endlich das kostet, was es immer kosten sollte.

Ich sehe das anders. Du musst dir die Leute, die ins Restaurant kommen, nur anschauen. Die eine hat eine Louis-Vuitton-Tasche für 3000 Euro, der andere Supreme-Sneakers für 2000. Die können eine angemessene Rechnung durchaus bezahlen, und wahrscheinlich haben sie sogar mehr Respekt vor einem teuren Essen als vor einem billigen.

Aber die Gastronomen trauen sich nicht, für ihr Essen einen angemessenen Preis zu verlangen. Sie kriechen den Gästen in den Arsch und machen ihr Angebot immer noch billiger.

Das ist grundfalsch. Wir Gastronomen müssen den Mut haben, für unser Angebot das zu verlangen, was es wert ist. Die Bereitschaft der Menschen, für Essen Geld auszugeben, sinkt kontinuierlich, weil die Industrie in der Lage ist, Gemüse, Fleisch, Eier, Käse immer noch billiger zu produzieren.

Aber uns allen muss einfach klar sein, dass ein halbes Huhn vom Grill, das wir für 3,80 Euro kaufen, in einem Hühner-KZ zur Welt gekommen ist, nie das Tageslicht gesehen hat, mit Kraftfutter gefüttert, mit Antibiotika vor Krankheiten bewahrt und auf unwürdige Weise geschlachtet wurde – alles hinter verschlossenen Türen, unfotografierbar und von Security-Schlägern bewacht, damit niemand draufkommt, dass die Hühneridylle, wie sie auf den Eierverpackungen und den Tiefkühletiketten gezeigt wird, mit der Realität nichts zu tun hat. Jeder von uns, der sich entscheidet, für sein Essen kein Geld auszugeben, trägt daran eine Mitschuld.

Ich höre schon die Einwände: Ja aber die Leute ...

Ich weiß, dass es viele Leute gibt, die für ihre Arbeit viel zu schlecht bezahlt werden. Aber ich weiß genauso, dass die Wertschätzung für Essen in den Keller gerasselt ist. Alles ist wichtiger als gute Lebensmittel: das neue Smartphone, der Flachbildschirm, das Auto, das Outfit. Solange sich da nichts ändert, wird das Mittagsmenü für 6,90 Euro weiter dafür sorgen, dass unsere Lebensmittel immer schlechter werden.

Warum ich meine Mitarbeiter am Wertstoffhof rekrutieren würde

Menschen, die im Service arbeiten, verdienen höchsten Respekt. Ich könnte nicht, was sie können. Zwar habe ich kein Problem damit, zu dienen – aber nur, solange ich von den Menschen, denen ich gerade diene, Freundlichkeit und Respekt spüre. Ein guter Servicemitarbeiter muss aber sogar dann korrekt und freundlich bleiben, wenn ihn jemand behandelt wie den letzten Dreck, vielleicht weil er einer Frau imponieren will oder einfach nur ein Arschloch ist.

Ich finde, dass zu viele Gäste den Satz „Der Gast ist König" viel zu wörtlich nehmen – und nicht daran denken, dass sie sich in unserem Schloss befinden. Mein Freund Rudi Färber vom „Sedlmayr" in München sagt immer: Wenn er möchte, kann er den Gast in den Arsch treten. Weil er ein Wirtshaus hat. Und kein Gasthaus.

Der Servicemitarbeiter verdient schon deswegen höchsten Respekt, weil er sich zwischen den Gästen und uns in der Küche befindet. Wir in der Küche können, wenn sich der Gast vor lauter Extrabestellungen und Sonderwünschen gar nicht mehr einkriegt, wenigstens laut „Arschloch" sagen, wenn wir ihm sein vegetarisches Kotelett ohne Beilagen, dafür mit Feldsalat, aber ohne Zucker in der Marinade anrichten. Der Servicemitarbeiter muss das Kotelett lächelnd an den Tisch tragen und sich noch dafür bedanken, dass der Gast die Küche ins Chaos gestürzt hat.

Umgekehrt sorgt er natürlich für super Stimmung in der Küche, wenn er zum Beispiel die Komplimente, die nette Gäste gemacht haben, weitergibt. Man möchte gar nicht glauben, was passiert, wenn der Kellner am Pass kurz in die Küche ruft: „Gast von Tisch zwölf bedankt sich für das tolle Menü. Er hat noch nie so gut gegessen." Plötzlich leuchten die Augen der Köchinnen und Köche, als hätten sie auf nichts anderes gewartet, als endlich diese Worte zu hören.

Unlängst richtete ich in Südtirol ein Event aus. Unmittelbar vor dem Service krachten der Küchenchef und der Oberkellner vor versammelter Mannschaft zusammen, lautes Geschrei, gerade dass sie sich nicht gegenseitig die Fresse eingeschlagen haben. Im Wesentlichen ging es darum, dass dem Koch die Kellner auf die Nerven gingen und dem Kellner die Köche.

Ich bin dazwischengegangen wie ein Ringrichter und hab die beiden auf die Seite genommen: „Habt ihr einen Schuss? Was ist das für eine lächerliche Einstellung!"

Und dann erklärte ich ihnen, dass das alte Gastronomiekonzept „Service gegen Küche" völlig überholt ist. Jahrzehntelang haben die Teams vor und hinter dem Pass sich übereinander beklagt, mehr gegeneinander als miteinander gearbeitet und nicht kapiert, dass nur alle gemeinsam stark sein können. Es ist wie beim Fußball: Wenn die Verteidigung mit dem Mittelfeld nicht kann, wirst du vorne nie ein Tor schießen. Ich bat sie darum, sich in die Rolle eines Gastes zu versetzen und nur

Dinge zu tun, die man als Gast gerne haben möchte, wenn man in einem Restaurant einen besonderen Abend genießen will. Und ich fragte sie, ob sie selbst als Gäste miterleben wollen, wie Koch und Kellner sich an die Gurgel gehen. Leider bin ich nicht Gandhi und bin mir nicht sicher, dass ich zwischen den beiden ewigen Frieden gestiftet habe. Den Versuch war es jedenfalls wert – ooom.

Aber das war alles nur die Einleitung zu dem, was ich eigentlich sagen möchte. Denn ich möchte allen tollen, sympathischen und großartigen Servicemitarbeitern, die alle etwas können, was ich niemals könnte, einen Tipp geben: Konzentriert euch auf das Wesentliche.

Jetzt sind wir an einem entscheidenden Punkt angekommen. Denn entscheidend sind für mich nicht die Serviceregeln, die irgendwelchen Gruftis vor hundert Jahren eingefallen sind. Damit meine ich das dämliche Nur-von-links (oder war es rechts?)-Eindecken und -Nachschenken, das Vollrammeln des ganzen Tisches mit Besteck und Gläsern (Seite 201) und den völligen Verzicht auf Improvisation.

Ich war zum Beispiel gerade erst mit meiner Frau in einem tollen Schlosshotel essen, und weil mir meine Frau so gut gefällt, bin ich ein bisschen näher zu ihr gerückt. Jetzt war also auf einer Seite von mir sehr viel Platz, auf der anderen aber eher wenig. Was macht der Kellner? Er sieht nicht, dass es uns beiden viel, viel besser geht, wenn er mir von der Seite, wo Platz ist, den nächsten Teller hinstellt und den Wein nachschenkt, nein, er drängt sich wie ein eifersüchtiger Nebenbuhler zwischen meine Frau und mich, nur damit er alles richtig macht.

Ich weiß schon, dass das alles dem jungen Mann nicht selbst eingefallen ist, sondern dass er das zuerst auf der Schule gelernt hat und später vom Restaurantchef als Briefing bekommen hat. Aber trotzdem verstößt er gegen das allerwichtigste Gesetz, das sich Servicemitarbeiter zu Herzen nehmen müssen: Gehe niemals dem Gast auf die Eier!

Ich möchte jetzt einmal sagen, was ich bei Servicemitarbeitern am wichtigsten finde:

1. Seid einfach gut drauf.

2. Macht euch keine Gedanken. Je natürlicher ihr seid, desto besser wird euer Service sein.

3. Benutzt euren Hausverstand. Jede Regel, die ihr nicht versteht, ist eine Scheißregel.

4. Seid charmant. Dann dürft ihr euch sogar die eine oder andere Pointe auf Kosten des Gastes leisten.

5. Traut eurem Gefühl. Wenn ihr spürt, dass der Gast etwas braucht, bringt es ihm. Wenn ihr merkt, dass er in Ruhe gelassen werden will, lasst ihn in Ruhe.

6. Habt Respekt vor dem Essen. Wenn ihr dem Gast den Teller mit dem heißen Essen serviert, will der Gast anfangen zu essen und sich keinen Vortrag über das Essen anhören, das vor seinen Augen kalt wird.

7. Gebt Antworten. Wenn der Gast wissen will, was er auf dem Teller hat, müsst ihr ihm das in allen Einzelheiten beantworten können. Aber nur, wenn er fragt. Wenn er nicht fragt, haut vom Tisch ab, so schnell ihr könnt. (Außerdem kann ich euch allen nur raten, einmal nach Wien zu fahren und das „Steirereck" zu besuchen. Erstens sowieso, zweitens, weil es hier zum Essen die sinnvollste Einrichtung gibt, seit der Service erfunden wurde: ein Kärtchen, auf dem jedes Gericht haarklein erklärt wird. Dann braucht ihr euch überhaupt keinen Kopf mehr zu machen und müsst nur hoffen, dass eure Gäste lesen können.)

8. Wenn ihr einmal eine Frage nicht beantworten könnt, lacht, so freundlich ihr könnt, und sagt, dass ihr das jetzt vergessen habt. Und dann bittet ihr den Gast, dass er mit euch in die Küche kommt, weil ihm dann der Koch das persönlich erklären kann – idealerweise tritt euch der Koch dafür nicht in den Arsch. (In meinen Küchen ist der Gast immer willkommen. Ich finde, die Küche soll wie ein großes Wohnzimmer sein. Und mit dem Briefing, dass der Servicemitarbeiter die Gäste in die Küche bringen darf, nehme ich ihm jeden Stress draußen: eine klare Win-win-Situation.)

9. Das ist ein Zwischenruf in die Küche, an meine Kollegen, die Köche: Kocht doch eure Gerichte so, dass jeder Gast sie auf den ersten Blick versteht. Dann sparen es sich eure Mitarbeiter im Service, eure viel zu langen Rezepte auswendig zu lernen.

10. Lacht, liebe Servicemitarbeiter, auch wenn euch irgendwas passiert. Ein freundliches, offenes Lachen versöhnt sogar den Gast, dem ihr gerade eine Flasche Wein über die Hose geleert habt – meistens jedenfalls. Und damit wir uns richtig verstehen: Das soll keine Aufforderung sein, dem Gast den Wein über die Hose zu schütten, nur damit ihr was zu lachen habt.

Natürlich stehen auch wir Gäste in der Pflicht. Wir sind schließlich keine Deppen, die den Regeln eines Knigge, der schon lang das Zeitliche gesegnet hat, wie ein Sklave gehorchen müssen. Wenn ich irgendwo Gast bin und irgendetwas geschieht, was mir nicht passt, dann mache ich den Mund auf. Natürlich habe ich dem Kellner im Schlosshotel gesagt, dass er sich nicht zwischen meine Frau und mich drängeln soll, weil er sonst nämlich Probleme mit mir kriegt. Und dass bitte nicht die Welt einstürzt, nur weil ich mein Essen von der anderen, der angeblich falschen Seite bekomme.

Die Gastronomie hat die Gäste mit ihren undurchschaubaren Regeln verunsichert. Viele Leute, die am Hochzeitstag oder zum runden Geburtstag in ein besonders feines Restaurant gehen, fühlen sich dort überhaupt nicht wohl, weil sie die geheimen Regeln nicht kennen. Wenn der Kellner auf sie zukommt, zucken sie zusammen, weil sie Angst haben, dass er sie rausschmeißt – weil sie bestimmt irgendwas falsch gemacht haben. Aber wie soll ich einen Abend genießen, wenn ich dauernd das Gefühl habe, etwas falsch zu machen und hier nicht dazuzugehören?

Allerdings kann man der Gastronomie nicht allein den Schwarzen Peter zuschieben. Denn wir Gäste haben das ja alles geschehen lassen. Es ist wie bei „Des Kaisers neue Kleider": Alle glauben daran, dass man sich so benehmen muss, wie es vorgeschrieben ist, weil eben alle daran glauben.

Ich möchte also alle Gäste dazu auffordern: Befolgen wir keine Regel, deren Sinn uns nicht einleuchtet. Seien wir selbstbewusst. Sagen wir den Kellnern, sie sollen das Scheißbesteck für die nächsten Gänge wegräumen, wenn es uns stört. Trinken wir Rotwein zur Vorspeise und Bier zum Nachtisch. Tun wir die Ellenbogen auf den Tisch, wenn uns das bequem ist. Ziehen wir die Schuhe aus (wenn wir keine Stinkefüße haben). Bestellen ein Stück Brot, wenn wir damit die Sauce auftunken wollen. Machen wir, was wir wollen – aber auch immer mit einem Lächeln. Die Servicemitarbeiter haben unser Lächeln genauso verdient wie wir das ihre. Lächeln und Respekt voreinander sind das beste Material für die Brücke, die zwischen Menschen entstehen kann.

Ich möchte dazu eine kleine Geschichte aus meinem Leben erzählen, die ausnahmsweise nichts mit einem gedeckten Tisch zu tun hat. Als ich früher in Reichenhall gewohnt habe, war es für mich die größte Strafe, wenn ich mit irgendwelchem Sperrmüll zum dortigen Wertstoffhof fahren musste. Dort hockte ein alter Griesgram, der es immer als Zumutung empfand, wenn ich ihn gefragt habe, in welche Tonne ich meinen Mist abladen soll. In meiner Garage hat sich der Müll gestapelt, weil ich einfach keine

Lust auf die beleidigte Visage des Typen im Wertstoffhof hatte, deswegen bin ich natürlich auch nicht hingefahren.

In der Zwischenzeit bin ich nach Salzburg übersiedelt. Mindestens so schön wie unser neues Haus ist an dieser Übersiedlung, dass ich meinen Müll jetzt zu einem Recyclinghof bringe, wo einige der nettesten, freundlichsten, aufgewecktesten Menschen arbeiten, die ich je kennengelernt habe. Kaum fahre ich vor, lächeln sie mir zu, begrüßen mich, fragen mich, was sie für mich tun können, und ein paar Minuten später bin ich zutiefst traurig, dass mein ganzer Müll schon wieder getrennt und verstaut und für das Recycling vorbereitet ist – weil ich die Gegenwart dieser Typen so schätze.

Seither fahre ich ungefähr fünfmal so oft zum Müllwegbringen. Meine Frau wird manchmal ganz misstrauisch, weil ich mit jedem Ding, das ich ebenso auf den Speicher bringen könnte, sofort wegfahre. Ehrlich, die Typen sind die beste Therapie für mich. Wenn es mir einmal nicht gutgeht, fahre ich dorthin, weil mich nichts so aufheitert wie freundliche Gesichter.

Ich fahre also aus dem Recyclinghof in Salzburg raus, die Männer in ihren orangen Klamotten grüßen mich: Servus, bis bald, und jedes Mal denke ich mir: Eines Tages mache ich ein großes Happening zum Thema „Wie ein Lächeln die Welt rettet", und wenn ich es mache, dann mache ich es genau hier – vielleicht als Kontrastprogramm zu den Salzburger Festspielen.

Für den nicht sehr wahrscheinlichen Fall, dass ich noch mal ein Restaurant aufsperre (Seite 69), hole ich mir meine Leute auf jeden Fall von hier, vom Recyclinghof. Werden die Müllmänner wissen, ob man die Gabel links oder rechts neben den Teller legt? Hoffentlich nicht.

Werden die Gäste glücklich sein?

Darauf könnt ihr wetten.

Proviant fürs Fegefeuer: Bärlauch und Glühwein

Barkeeper sind so etwas wie Beichtväter. Zum Glück habe ich im „First Dates"-Restaurant mit Nic Shanker einen Barkeeper, der täglich verfügbar ist und mit dem ich die wichtigsten Dinge besprechen kann, ohne dass ich vorher vier Negronis trinken muss, die mich aus den Latschen kippen.

Nic macht super Cocktails. Er ist ein lustiger Mensch, der im richtigen Moment auch ernst sein kann – und umgekehrt. Manchmal ist er freilich auch völlig daneben. Wie an dem Tag, als wir nach der Arbeit zusammen an der Bar standen und er sagte: „Es ist schon schön kalt draußen, Roland. Lass uns auf den Weihnachtsmarkt gehen und einen Glühwein trinken ..."

Ich schaute Nic an wie einen Sexualverbrecher.

„Hast du gerade Glühwein gesagt?"

„Ja, klar. Hast du was dagegen?"

„Ob ich was gegen Glühwein habe? Ja, du Volldepp! Ich habe was gegen Glühwein. Warte nur, bis ich kulinarischer Diktator bin, dann wird Glühwein verboten. Mir kommt schon das Kotzen, wenn ich Glühwein nur rieche, diesen Duft nach Zimt, Nelken und billigem Alkohol."

„Aber die Leute lieben Glühwein", sagte Nic.

Er traut sich was.

„Die Leute fressen auch Scheiße", schrie ich ihn an, „und vergiften sich mit Zucker und Chips. Glühwein ist genau dasselbe: billiger, widerlicher Dreck."

Nic wollte wirklich Ärger. Er sagte: „Aber es gibt doch auch ganz edlen, teuren Glühwein."

„Noch schlimmer", schrie ich, „weil dafür wird womöglich ein richtig guter Wein verwendet. Da hat sich ein Winzer ein Jahr lang den Arsch aufgerissen, damit sein Wein so wird, wie er sich das vorstellt, und du willst ihn mit Sternanis und Zucker ruinieren! Die Leute finden ja, dass ein Glühwein je süßer, desto besser wird. Aber gar nichts wird besser. Nur das Kopfweh am nächsten Tag wird besser."

Wir gingen nicht auf den Weihnachtsmarkt.

Aber weil wir gerade dabei waren, redeten wir gleich über andere Dinge, die ich abschaffen werde, sobald ich kulinarischer Diktator bin.

Glühwein liegt auf Platz zwei.

Auf Platz eins, und zwar unangefochten, ist ein Kraut, dessen Geruch ich so sehr hasse, dass mir übel wird, wenn drei Häuser entfernt jemand damit kocht: Bärlauch.

Eigentlich wäre der Frühling ja eine schöne Jahreszeit. Würden nicht alle Köche, sobald sich die ersten Bärlauchblätter im Wald zeigen, beginnen, gute Lebensmittel damit zu verderben. Plötzlich bekommst du alles, was eine Woche vorher noch gut geschmeckt hat, mit diesem billigen, ordinären Knoblauchgeschmack: Bärlauchknödel, Bärlauchsoße, Bärlauchspätzle, Bärlauchsuppe, Bärlaucheis – weiß der Teufel, was man noch alles mit Bärlauch kaputtmachen kann. In jedem Laden, wo du schnell was essen willst, riechst du als Erstes diesen perversen, penetranten, aufdringlichen Drecksduft.

Nic schaute mich mit großen Augen an. Ich sah, dass er am liebsten gesagt hätte: „Ich weiß nicht, was du hast, Roland. Also ich mag ein Bärlauchpesto ganz gern ..."

Aber das wagte er dann doch nicht. Und das war gut so.

Kulinarisch gibt es ja für mich seit dreißig Jahren keine größere Respektsperson als Eckart Witzigmann. Der Chef hat sich mal breitschlagen lassen, ein Kochbuch für Bärlauch zu machen. Er rief mich an und fragte: „Sag mal, Roland, hast du ein paar Ideen für Gerichte mit Bärlauch?"

Aber ich hatte nur eine Idee:

„MÜLLEIMER AUF,
BÄRLAUCH REIN,
MÜLLEIMER ZU.
TUT MIR LEID,
CHEF.
ETWAS ANDERES
FÄLLT MIR ZU
BÄRLAUCH
NICHT EIN."

Der Hund, der mehr zählt als das Kind. Geschichten aus dem veganen Kosmos

Veganer sind für mich Extremisten. Das ist gar nicht abschätzig gemeint. Ich bin ja selbst oft genug einer (ein Extremist, kein Veganer). Immer, wenn ich ein Gericht auf Instagram poste, für das ich Fleisch verwende, kommen die gleichen vorhersehbaren Reaktionen. Wenn das alle täten ... Nur der Veganismus kann die Welt retten ...

Ging mir natürlich auf die Eier. Aber inzwischen habe ich gelernt, dass es noch schlimmere Extremisten gibt als meine Lieblingsfeinde, die Veganer. Und das sind die Fleischfresser.

Es gibt doch tatsächlich Typen, die behaupten, ein Essen ohne Fleisch sei kein Essen. Jetzt stelle ich nicht einmal die Frage, über welche Art und Qualität von Fleisch wir da reden. Ich finde nur, dass diese Nichts-als-Fleisch-Fresser mindestens so bescheuert sind wie die Veganer. Wenn mir jetzt einer von euch auflauert und mich mit Waffengewalt zwingt, mich für Veganismus oder Nichts-als-Fleisch zu entscheiden, dann entscheide ich mich – ihr werdet es kaum glauben – für den Veganismus.

Ich mag vegane Gerichte. Ich finde sie sogar sensationell. Ich koche und entwickle Gerichte ohne tierische Produkte. Wenn ich ins vegetarische Restaurant „Tian" in München oder Wien essen gehe, fehlt mir gar nichts.

Also poste ich auch meine vegetarischen oder veganen Gerichte – und was passiert? Die Fleischfresser melden sich. Vor allem die, die vom vielen Fleisch witzig geworden sind. „Super Gericht, Roland. Wenn jetzt noch der Braten danebenläge."

Brate ich aber ein Steak medium rare, dann schreien wieder die Veganer auf. Beide Gruppen sind fanatisch. Beide Gruppen sollten ein bisschen toleranter sein, dann würden sie mir nicht so auf die Eier gehen.

Zum Beispiel war ich in München für einen Event gebucht, wo ich zwei Gerichte kochen sollte. Als ich sah, dass der Event in einem veganen Hotel stattfand, fragte ich extra noch einmal nach, ob ich auch vegan kochen soll. Aber die Veranstalter winkten ab: auf keinen Fall. Es ist nur ein veganes Hotel, aber kein veganer Event.

Ich kam also in München an, ging mit meinem Zeug in die Küche und begann, den Lachs zu filetieren. Kommt der Hoteldirektor in die Küche und flüstert mir zu: „Entschuldigen Sie, Herr Trettl. Aber könnten Sie den Lachs so vorbereiten, dass niemand von unseren Gästen Sie sehen kann?"

Gerade dass er mir nicht vorschlägt, ich soll den Lachs auf dem Klo vorbereiten, in der versperrten Kabine.

Ich hätte nicht einmal ein Problem, wenn mir der Hoteldirektor sagt, dass in seine Küche aus Prinzip kein Fleisch und kein Fisch, keine Eier und keine Butter kommen. Dann hätte ich ihn vielleicht verstanden. Aber er hatte ja nur Angst, dass seine Extremistengäste ihm die Hölle heiß machen, weil in seiner Küche ein armer Fisch niedergemetzelt wird.

Dafür habe ich absolut kein Verständnis.

Ein paar Monate später hatte ich dann das Erlebnis, das mich endgültig auf die Palme brachte. Wir waren auf Mallorca, als uns ein lieber Bekannter von einem Vegan-Hotel im Landesinneren erzählte. Wenig später trafen wir die Besitzer in Palma, und sie hatten ein kleines Schwein dabei, an der Leine, wie einen Hund. Ein nettes Treffen, wir gingen gemeinsam essen – vegan natürlich –, und es war alles okay, außer das Essen. Das war scheiße.

Aber wir verabredeten, dass wir sie in ihrem Hotel besuchen kommen, und fuhren ein paar Tage später mit Freunden und deren dreijähriger Tochter dorthin.

Das Schwein lief natürlich wieder rum, aber auch zwei Hunde. Alle Tiere waren frei, und deshalb sind wir natürlich davon ausgegangen, dass die Tiere an Menschen gewöhnt und ungefährlich sind – sonst kannst du sie ja nicht einfach so in einem Hotel herumlaufen lassen.

Die Mutter der Dreijährigen hat sogar extra noch einmal gefragt, ob die Hunde eh nichts tun.

Nein, die tun nichts. Gerade dass sie nicht gesagt haben, dass ihre Hunde auch Veganer sind.

Beim Aperitif hören wir plötzlich ein Knurren unter dem Tisch und gleich darauf ein Kläffen, und dann schreit plötzlich das Kind wie am Spieß. Der eine Hund hat das Mädchen voll ins Gesicht gebissen.

Natürlich Riesenaufregung. Die Mutter des Mädchens war zum Glück Kinderärztin, desinfizierte die Wunden, versorgte sie mit Pflastern und gab der Kleinen gleich die richtigen Medikamente. Sie musste dann vierzehn Tage Antibiotika nehmen.

Was aber tat die Hotelbesitzerin? Die schaute ihren Hund streng an und sagte: „Du, du. Das darfst du nicht." Das war alles.

Ich schwöre: Hätte das Vieh meinen Sohn gebissen, gäbe es auf der Welt einen Köter weniger.

Sie aber sperrte das Vieh nicht einmal weg.

Aber die Geschichte war noch nicht aus. Denn ein paar Tage später sehe ich einen Post des Hotels auf Instagram, wo der

Hund zu sehen ist und uns die Story erzählt wird, was für ein liebes Tier das nicht ist.

Da musste ich dann schon einen Kommentar darunter setzen: dass der Hund nicht so nett ist, sondern manchmal Kinder beißt. Jedes Kind, das die „Villa Vegana" besucht, sollte sich bitte in Acht nehmen.

Dann kriegte ich Post. Die Typen schrieben mir, dass sie sich Gedanken gemacht haben und zu einer guten Lösung gekommen sind.

Gut, dachte ich mir. Wenigstens haben diese Veganer ein Einsehen.

Aber ihre Lösung sieht anders aus. Ab sofort lassen sie keine Kinder mehr als Gäste zu.

Und damit ich diese bescheuerte Lösung nicht noch einmal kommentiere, haben sie mich auf Instagram blockiert.

~~KEIN FLEISCH~~

~~KEIN FISCH~~

~~KEINE EIER~~

~~KEINE BUTTER~~

DIE WELTBESTE
CURRY-FALAFEL

Ich hätte mich nie für Falafel interessiert, wenn sich meine Frau nicht immer wieder welche holen würde. Falafel sind ja das vegetarische Gegenstück zur Currywurst – allerdings sicher gesünder als die Milliarden Currywürste, die jedes Jahr gegessen werden.

Falafel:
400 g Kichererbsen, aus dem Glas
55 g rote Zwiebeln, fein geschnitten
1 Zehe Knoblauch, fein gehackt
20 g Olivenöl
½ EL Dekus Würzmischung
1 EL Sesam
½ EL frischer Koriander, gehackt
½ EL Petersilie, gehackt
Salz
20 g Sojasauce
Saft und Zesten von einer Zitrone
1 Ei
1 EL Backpulver
2 EL Mehl
1 EL Semmelbrösel
Maiskeimöl zum Herausbacken

Currysauce:
60 g Olivenöl
80 g rote Zwiebel, grob gewürfelt
10 g Ingwer, gehackt
90 g Süßkartoffel, geschält und in Würfel geschnitten
170 g Wassermelone, ohne Kerne, in Würfel geschnitten
10 g milden Curry, idealerweise HE Currymischung
20 g Reissirup (oder Zucker)
30 g Weißweinessig
500 g passierte Tomaten
150 g Wasser

Zum Anrichten:
2 EL Sesam, angeröstet
Milder Curry, idealerweise HE Currymischung (nach Belieben)

Für die Falafel Zwiebeln und Knoblauch in Olivenöl anbraten, abgetropfte Kichererbsen dazugeben und weiterbraten. Dekus, Sesam, Koriander und Petersilie, Sojasauce und Zitrone hinzufügen und mit Salz würzen. Alles ca. 5 Minuten köcheln lassen, dann mit einem Kartoffelstampfer oder einem Scheeebesen mittelfein zerstampfen.

Die Masse gut mit dem Ei, Backpulver, Mehl und Semmelbrösel verrühren und runde Falafel (je ca. 30 Gramm) daraus formen. In der Pfanne in reichlich Maiskeimöl herausbacken.

Für die Currysauce Zwiebeln, Ingwer und Süßkartoffel im Olivenöl andünsten. Restliche Zutaten dazugeben und eine halbe Stunde auf niederer Temperatur köcheln lassen. Sauce vor dem Servieren mit dem Stabmixer pürieren.

Zum Anrichten die Currysauce auf einen großen Teller geben und die fertigen Falafel hineinlegen. Mit angerösteten Sesam bestreuen und nach Belieben mit der Currymischung bestäuben.

Gemeinschafts-verpflegung: die Kunst, vielen zu gefallen

Wir zerbrechen uns den Kopf über gute Restaurants und charmante Wirtshäuser. Aber der Ort, wo viele Menschen am regelmäßigsten essen gehen, ist die Betriebskantine. Menschen, die arbeiten, müssen essen.

Das haben auch die Arbeitgeber erkannt. In den frühen Fabriksküchen der Sowjetunion wurden riesige Suppentöpfe auf den Tisch gestellt, aus denen die Genossen Arbeiter sich bedienen durften.

Inzwischen ist die Verpflegung am Arbeitsplatz zu einem riesigen Business geworden, das kaum ein Unternehmen noch selbst betreibt, sondern an Spezialisten auslagert. Die stehen dann vor einer heiklen Herausforderung. Sie sollen ihre Kunden günstig, schnell und gesund verpflegen – und wollen damit noch selbst ein Geschäft machen.

Vor ein paar Jahren kam die Firma Sodexo auf mich zu und fragte, ob wir nicht zusammenarbeiten wollen. Sodexo ist ein börsennotiertes französisches Unternehmen für Catering, Gemeinschaftsverpflegung und Facility-Management. Einer der zwanzig größten Arbeitgeber der Welt.

Das wusste ich damals alles noch nicht. Wenn ich an Kantinen dachte, sah ich graue Speisesäle voller unglücklicher Menschen. Ich sah abgehalfterte Köche ohne Ideen und Engagement. Aber irgendetwas interessierte mich an der Anfrage. Ich fragte, ob ich mir ein paar Kantinen anschauen darf, die Sodexo betreibt. Das durfte ich, und ich merkte, dass ich mich ganz schön getäuscht hatte.

Die Kantinen, die ich da besuchte, waren unterschiedlich, aber durchaus sexy. Klar sehen Speiseräume auf den Vorstandsetagen anders aus als die Verpflegungsstätten für Gefängnisinsassen – Sodexo betreibt alle Arten von Kantinen. Aber wo immer ich hinkam, sah ich sympathisch eingerichtete Räume und bekam Essen zu kosten, das mindestens okay war. Viele Köche kamen aus Spitzenbetrieben, die sie verlassen hatten, weil sie nicht mehr abends und am Wochenende arbeiten wollten. Ich war total überwältigt davon, in welchen Mengen dieses Essen gekocht wurde und wie messerscharf und auf den Cent genau die Gerichte kalkuliert waren.

Gleich am Anfang lernte ich eine unumstößliche Realität des Kantinenessens kennen, die mir total gegen den Strich geht. Meine Devise war immer: Koch wenig und dafür gut. Die Devise der Gemeinschaftsverpflegung lautet: Mach viel und hab bis Küchenschluss alles vorrätig – was übrigbleibt, kommt in den Müll.

Umso mehr hat mich die Anfrage von Sodexo gereizt, ein vegan-vegetarisches Konzept zu entwickeln. Ihr müsst jetzt stark sein, Veganer: Ich habe ja gesagt. Mir gefiel die Herausforderung, mit klar definierten Lebensmitteln etwas zu schaffen, was vielen Menschen täglich Freude macht.

Das erste Problem bestand darin, das Konzept den Marketingleuten schmackhaft zu machen: Sie müssen es ja an die

Kunden verkaufen. Dann testeten wir einmal alle veganen und vegetarischen Gerichte, die Sodexo bereits im Angebot hatte. Es war keines dabei, das mir wirklich gefiel: Ich wollte von Grund auf neu beginnen. Dann bekamen wir positive Rückmeldung von der Marketingfront, und schließlich bekam das Konzept einen Namen: Peter + Silie.

Die Sache funktioniert so: Sodexo macht seinen Kunden Angebote. Die Kunden dürfen aus zahllosen Konzepten auswählen, was sie haben möchten. Peter + Silie ist eines dieser Konzepte, das aber nur Betriebe umsetzen dürfen, die die qualitativen Voraussetzungen dafür erfüllen. Entscheiden sie sich dafür, dann wird in ihrer Kantine ein Stand aufgebaut, der diesen Namen trägt, wo man sich die Gerichte holen kann, die ich mir ausgedacht habe.

Ich habe die Sache – um beim vegetarischen Bild zu bleiben – an der Wurzel angepackt. Als Erstes wollte ich die Menschen von meinen Gerichten überzeugen, die sie dann täglich umsetzen: die Köche. Wir haben Workshops veranstaltet, wo vom Küchenchef bis zum Lehrling alle zusammengekommen sind. Dort kochten wir dann 24 von mir kreierte Gerichte für zwei Saisons – nach bewährter Manier im Kopf ausgedacht und aufgeschrieben.

Zum Beispiel: Wurzelgemüseeintopf mit Grießknödeln und Mandeln. Knackiger Tofu mit Rosenkohl und glasierten Champignons. Orangenrisotto mit Grünkohl, Pinienkernen und Räuchertofu. Penne mit einer Bolognese aus Maronen. Rosenkohl und Sesam im Apfel-Curry-Sud. Linsenkroketten mit Sauerkraut und roter Paprika. Kürbistatar mit Pastinaken, Kürbiskernen, Mayo und Sesamkräckern. Alles vegetarisch oder vegan.

Wir teilen uns in zwei Teams auf und beginnen zu kochen. Alle Lebensmittel sind vorbereitet. Radieschen mit Tofu, Cashewnüssen und Kartoffel-Kräuter-Sud. Gebratener grüner Spargel mit Mandel-Porridge und Linsen-Vinaigrette. Spargel mit Erbsen-Vinaigrette, Chiasamen und Sonnenblumenkernen. Grüne Bohnen mit geräuchertem Tofu und Zwiebel-Kartoffel-

Püree. Geschmorter Rettich mit Pak Choi und Erdnüssen. Das schaut schon alles sehr geil aus. Gratinierter Kohlrabi mit Quinoa und Parmesan im Tomatensud.

Ich gehe zwischen den Teams hin und her. Jedes Gericht wird peinlich genau analysiert und rezeptiert. Alle Zutaten werden fotografiert. Jeder Schritt wird dokumentiert. Wenn die Kohlrabi in Würfel geschnitten werden, dann wird die Kantenlänge der Würfel auf den Millimeter genau festgelegt. Wenn die Zwiebeln hellbraun angeröstet werden, dann wird die Farbe dokumentiert, bis zu der und nicht weiter die Zwiebeln bräunen dürfen. Ich beginne Joël Robuchon zu verstehen, der die Gerichte für seine „Ateliers" aufs Gramm genau definiert und umgesetzt haben wollte. Genauso machen wir das hier.

Aber ich will auch, dass die Köche sich mit den Gerichten identifizieren. Deshalb reden wir beim Workshop über jedes Rezept und erwägen Verbesserungsvorschläge. Sollen wir vielleicht noch einen Schuss Sojasauce dazugeben? Eine Prise Räucherpaprika? So nähern wir uns gemeinsam dem endgültigen Rezept an, bis ich ihm am Schluss den letzten Schliff gebe.

Dann wird das fertige Gericht fotografiert. Und es wird abgewogen, damit auf jeden Fall genug auf dem Teller liegt – was in Wahrheit bedeutet, dass immer viel zu viel auf dem Teller liegt. Aber es ist die größte Angst der Gemeinschaftsverpfleger, dass ihre Kunden das Gefühl haben, sie kriegen zu wenig zu essen.

Ein paar Gewohnheiten konnte ich aufbrechen. Zum Beispiel konnte ich durchsetzen, dass wir unsere Kunden nicht mit zu vielen Angeboten stressen. Peter + Silie hat jeden Tag ein veganes und ein vegetarisches Gericht im Angebot – fertig. Wir gehen auch nicht mit 180 Gerichten pro Jahr ins Rennen, sondern mit sechs veganen und sechs vegetarischen pro Jahreszeit. Der größte Erfolg ist sowieso immer, wenn wir ein Gericht von der Karte nehmen und die Kunden demonstrieren in der Kantine dagegen.

Die Logistik der Gemeinschaftsverpflegung ist faszinierend. Jedes Gericht ist auf den Cent genau durchkalkuliert. Was die

Mengen betrifft, gibt es eine Empfehlung der DGE, der Deutschen Gesellschaft für Ernährung. Die besagt, dass ungefähr ein halbes Kilo Essen auf dem Teller liegen muss. Ich frage mich zwar, wie man nach so einer Menge wieder zurück an die Arbeit gehen kann, aber diese Mengen sind in Stein gemeißelt.

Und jedes Gericht muss bis zum Küchenschluss verfügbar sein. Dass die Linsenkroketten fünf vor halb drei aus sind, ist ein No-Go. Vielleicht kriegen wir es ja mal hin, dass die Kunden nicht Amok laufen, wenn es ein Gericht nicht mehr gibt. Aber so weit sind wir noch nicht. Da werden die Mengen einfach nach den unglaublichen Erfahrungswerten des Unternehmens bestimmt. Aber diese Erfahrungen können noch so detailliert und genau sein – übrig bleibt immer was. Und das geht mir gegen den Strich. Als Koch und als passionierter Esser ertrage ich es einfach nicht, wenn gutes Essen in den Müll wandert, und ich bin fest entschlossen, diese Sache in Zukunft anzugehen und zu verändern.

Die Zusammenarbeit geht inzwischen ins fünfte Jahr. Sodexo hat sich mit mir einen eigenwilligen Typen geholt, und ich bin sehr stolz, dass sie mich so nehmen, wie ich bin. Ich habe Sodexo gebeten, mir keine positiven Feedbacks von Kunden weiterzugeben. Die interessieren mich nicht. Ich weiß ja selbst, wie gut die Gerichte sind. Ich will nur hören, wenn sich Menschen beschweren. Beschwerden muss man ernst nehmen. Zum Glück kommen sehr wenige. Vor zwei Jahren wurden wir mit unserem Konzept Peter + Silie zum Caterer des Jahres gewählt. Auf einem ganz falschen Dampfer sind wir also nicht.

Mein Foodradar. Und wie man im Kopf kochen lernt

Wenn ich ein Lokal nicht kenne und aus irgendwelchen Gründen dort essen muss, zum Beispiel, weil meine Frau etwas Neues ausprobieren möchte, dann studiere ich nicht zuerst die Speisekarte, sondern gehe langsam durchs Restaurant.

Ich möchte ja nicht angeben – aber ich sehe alles. Ich habe ein eingebautes Foodradar. Ich sehe, ob Lebensmittel frisch sind, und ich weiß nach fünf Sekunden, ob der Koch etwas kann. Ich sehe auf einem Tisch einen Risotto, ein Blick: viel zu fest. Ich sehe Nudeln: kein Glanz, zu trocken. Ich sehe das Fleisch, aha, zu lange in der Pfanne. Das Gemüse: gekocht, um Gottes willen. Können die es nicht braten oder wenigstens schmoren, damit ein bisschen Geschmack drinnen bleibt?

Mhm, die Garnelen sehen okay aus. Später, wenn wir unser Essen auf dem Tisch haben, werden die anderen in ihren trockenen Nudeln herumstochern und sagen: Wir hätten auch die Garnelen bestellen sollen.

Sie tun mir ja leid. Sie haben kein eingebautes Foodradar. Mein Tipp an alle von euch: Bestellt, was ich bestelle. Damit fahrt ihr in der Regel am besten.

Natürlich hilft es auch, wenn man die Speisekarte lesen kann. Nehmen wir an, es handelt sich um ein gutes Lokal, das sich nicht auf Steaks oder Fisch spezialisiert hat.

Erster Eindruck: Ist die Speisekarte abgegriffen und schäbig? Oder wirkt sie neu und sauber? Nichts wird in einem Restaurant so oft angegriffen wie die Speisekarte, ohne dass sie nachher in die Spülmaschine kommt oder gewaschen wird. Ich behaupte: Schon allein daran, wie die Karte aussieht und sich angreift, erfährt man viel über den Gastronomen und über seine Liebe zum Detail.

Zweiter Eindruck: Ich blättere die Karte durch. Springt mir ein Fehler in die Augen? Hat sich der Gastronom die Mühe gemacht, auf Rechtschreibung und Genauigkeit zu achten? Wie beschreibt er seine Gerichte? Will er mir irgendeinen „Steinbutt" schmackhaft machen – weiß der Geier, wo der herkommt –, oder hat er heute einen „Geangelten Atlantik-Steinbutt", was mir deutlich sympathischer wäre? Hat er ein „Rindsfilet" oder ein „Gegrilltes Filet vom Simmentaler Rind"?

Faustregel: Wenn der Gastronom die Herkunft seiner Lebensmittel nicht ganz genau auf die Karte schreibt, dann stammen diese Lebensmittel mit allergrößter Wahrscheinlichkeit aus dem Gastronomiegroßhandel, und kein Mensch kümmert sich dort darum, ob der Steinbutt oder das Filet etwas Besonderes sind. Sind sie auch ganz bestimmt nicht. Sie sind maximal Durchschnitt – wenn wir Glück haben. Vielleicht aber weiß der Gastronom etwas, was wir nicht wissen, und verschweigt es uns ganz bewusst.

Das alles lese ich aus einer stinknormalen Zeile auf der Speisekarte heraus.

Nächster Punkt: Wie umfangreich ist die Speisekarte? Es gibt Speisekarten, auf denen achtzig Gerichte stehen, die mich alle ansprechen. Aber das ist sehr selten. Viel wahrscheinlicher ist es, dass ich von einer Karte, auf der gerade einmal fünf Gerichte stehen, alle fünf essen will. Der Gastronom hat sich nämlich bewusst für diese fünf Gerichte entschieden, weil sie die vorhandenen, frischen Lebensmittel am besten in Szene setzen.

Je mehr Gerichte auf der Karte stehen, desto mehr Lebensmittel müssen auch im Haus sein. Je mehr Auswahl der Gastronom den Gästen überlässt, desto mehr manövriert er sich selbst in eine Zwickmühle: Entweder er verwendet Lebensmittel, die nicht so frisch sind, wie sie sein sollten. Oder er wirft alles weg, was er nicht frisch verwendet. Das eine ist respektlos gegenüber dem Gast, das andere respektlos gegenüber den Lebensmitteln.

Aber warum braucht ein Restaurant überhaupt achtzig Gerichte auf der Karte? Nur weil sich der Gastronom nicht genug Gedanken über das Konzept gemacht hat. Sobald er ernsthaft nachdenkt und nur das auf die Karte setzt, was er erstens richtig gut kann und wofür er zweitens die besten Lebensmittel bekommt, wird die Karte kurz sein und dafür häufig wechseln.

Klar, das braucht Mut. Einem Gast ins Gesicht zu sagen: „Haben wir nicht. Machen wir nicht", ist immer eine Herausforderung. Aber ich finde, dass sich der gute Gastronom dadurch vom schlechten unterscheidet, indem er sich dieser Herausforderung stellt. Ich bin ein riesiger Fan davon, dass sich Gastronomen spezialisieren. Ich hasse die Hütten, die glauben, dass sie alles können, von Sushi über Döner bis Pizza. Das kann nicht klappen.

Ich weiß schon, dass genau diese Lokale auf TripAdvisor am besten bewertet werden, vor allem, wenn sie noch dazu billig sind. Aber das interessiert mich nicht. Ich spreche ja nicht für all die besinnungslosen Touristen, die dorthin rennen, wo sie TripAdvisor hinschickt. Sie ruinieren mit ihrer Blödheit die Gastronomie. Sie sind schuld daran, dass es immer mehr Gastronomen gibt, die es allen recht machen wollen. Sie reisen nach

Thailand und essen Burger oder Spaghetti Bolognese, weil sie uninteressierte, spießige Banausen sind. Wenn man wissen will, wie die Zukunft der Gastronomie auf gar keinen Fall aussehen darf, dann muss man nur die begeisterten TripAdvisor-Kritiken über all die Sushi-und-Spaghetti-Lokale lesen.

Aber es gibt auch noch andere Warnhinweise. Als ich zuletzt auf Mallorca am späten Nachmittag in einem Restaurant vorbeischaute, wo ich für den Abend einen Tisch reservieren wollte, sah ich etwas Interessantes: Die Küche war leer. Kein Koch war zu sehen.

Mich beschlich das gleiche Gefühl, das ich habe, wenn ich um halb elf einen Tisch fürs Mittagessen reservieren will und niemand hebt das Telefon ab. Dabei sperrt das Lokal schon um zwölf Uhr auf.

Das machte mir Sorgen. Wie bereiten denn die den Service vor? Schließlich ist das Mise en Place, die zeitgerechte Vorbereitung jedes Mittag- und jedes Abendessens, die halbe Miete. Die Lebensmittel sollen möglichst frisch vorbereitet und verarbeitet werden. Wenn ich in eine Küche hineinschaue, möchte ich sehen, dass es irgendwo dampft, dass ein Sud auf dem Feuer steht, dass eine Suppe gekocht wird, dass ein Koch gerade einen Fond herunterreduziert.

Das muss so sein, weil ein Sud, eine Suppe, ein Fond Zeit brauchen. Manche dieser Fonds können schon vorbereitet werden, andere muss man täglich frisch ansetzen. Es gehört für mich zur Atmosphäre jeder Küche, dass es dampft, raucht, kurz: dass die Küche lebt – wenn alles vakuumiert und eingefroren wird, geht ein Stück Seele der Küche verloren.

Eine leere Küche hat einfach keine Seele. In einer leeren Küche gibt es keine Emotionen. In einer leeren Küche duftet nichts, bringt niemand seine Sensibilität zum Einsatz. Eine leere Küche sieht weniger nach einem guten Essen aus als nach einem Operationssaal. Schon klar, dass nicht sechs Stunden vor dem Service zehn Köche in der Küche stehen müssen wie bei Witzigmann in der „Aubergine" – aber eine leere Küche erfüllt mich mit quälendem Misstrauen.

Auf Mallorca war es so, dass eine Stunde vor dem Aufsperren kein Mensch da war. Also dachte ich mir: Entweder die haben keine Gäste, und wenn sie keine Gäste haben, wird das wahrscheinlich an der Küche liegen. Oder sie haben Gäste – aber was kochen sie dann? Was wollen sie heute servieren, wenn sie nichts vorbereiten? Bekomme ich vielleicht das, was von gestern übrig geblieben ist?

Mein Geheimnis: Erfahrung. Und dass ich Essen wirklich liebe. Sobald ich aufgestanden bin, denke ich ans Mittagessen, und nach dem Kaffee will ich wissen, wie ich mich abends ernähren soll. Ich führe zum Beispiel eine Liste von allen Lebensmitteln, die mir in meinem Leben begegnet sind. Kommen neue dazu, trage ich sie in diese Liste ein. Kategorien: Gemüse, Obst, Kräuter, Fische, Meeresfrüchte, Algen, verschiedenste Pilze, Geflügel, Schwein – alles. Cuts und Techniken: Dämpfen, Schmoren, Frittieren. Dann Teigtaschen, Dim Sums. Massen, Teige, Knödel – alles.

243

Das ist mein Elementarsystem. Auf diese Liste schaue ich manchmal, wenn ich nachdenke, was ich kochen möchte.

Ich sehe: Blumenkohl – cool.

Dann Salzzitronen.

Ich kombiniere: Salzzitronen – Blumenkohl.

Lakritze. Lakritze – Salzzitronen – Blumenkohl. Das passt!

Fehlt mir noch was Knuspriges?

Ja. Panko – cool. Panko – Blumenkohl – Salzzitronen – Lakritze – und, ja, Haselnuss. Haselnuss gibt einen guten Geschmack: Ich nehme Haselnussöl.

Butter – klar, Nussbutter. Käse? Vielleicht irgendeine Käsecreme. Geiles Gericht! Habe ich zwar noch nie gemacht, könnte aber funktionieren. Die Lakritze kommt vielleicht auch wieder weg, das möchte ich zuerst probieren. Aber sonst weiß ich ohne Probieren ganz genau, wie das Gericht schmeckt. Wenn ich auf

Events koche und Menüs zusammenstelle, sind es meistens Gerichte, die ich vorher noch nie gekocht habe.

Kochen ist wie ein Puzzlespiel. Ich habe verschiedene Puzzleteile, verbinde sie miteinander, und irgendwann sehe ich das ganze Bild. So kann eigentlich jeder kochen. Klar, Erfahrung macht die Sache leichter. Aber du musst irgendwann mal beginnen. Leg also deine Kochbücher auf die Seite und versuche das Kochen als Spiel zu sehen: Mehr ist es nämlich nicht. Wir Köche operieren nicht am offenen Herzen. Wir brechen keine Kriege vom Zaun. Wir kochen. Je freier wir sind, desto besser kochen wir. Und je öfter wir das machen, desto mehr Erfahrung bekommen wir, und desto besser kochen wir beim nächsten Mal.

Vielleicht beginnst du mit Pasta und Tomaten und probierst einfach mal verschiedene Gewürze und Kräuter aus. Das ist ein Start. Der Blumenkohl mit der Lakritze und den Salzzitronen, Haselnuss, Panko und Käsecreme ist vielleicht ein extremes Beispiel – aber vielleicht auch das richtige.

Beginne so, wie du dich fühlst: Wenn du nur zwei Klötzchen perfekt aufeinanderstellen willst, dann koche eine Tomatensauce mit Basilikum. Wenn du ein Riesengebäude mit schräger Fassade hinstellen willst, versuch den Blumenkohl mit der Lakritze.

Egal was du machst:

DAS WICHTIGSTE IST, DASS DU BEGINNST.

Nur wer kocht, verdient es, geliebt zu werden

Ich werde oft gefragt, was man zu einem ersten Date kochen soll.

Da habe ich eine klare Meinung: Es ist gar nicht so wichtig, was du kochst, sondern dass du kochst und wann du kochst. Denn dein Date soll nicht erst kommen, wenn der Tisch gedeckt, das Essen fertig und die Kerzen angezündet sind – kurze Zwischenfrage: Zündet ihr echt Kerzen an beim Essen? Hab ich in meinem ganzen Leben noch nicht gemacht.

Das Date soll nämlich kommen, wenn du zu kochen beginnst. Das Date soll dabei sein, wenn du kochst. Es soll sehen, wie sinnlich du mit deinen Händen umgehst, wie respektvoll du die Lebensmittel behandelst, wie sensibel du würzt, formst, rührst.

Ich bin sicher: Ein Mensch, der nicht anständig mit Lebensmitteln umgeht, wird auch mit mir nicht anständig umgehen.

Genauso war es, als ich vor mehr als zehn Jahren meine Frau kennengelernt habe. Sie glaubte mir nicht, dass ich Koch bin. Wir trafen uns in einem Club, und ich habe das Gefühl, sie hielt mich für den Berufscasanova, der ich ja eigentlich einmal werden wollte. Wir kamen aufs Essen zu reden. Sie hatte genaue Vorstellungen. Wir redeten über dies und das, aber sie wusste alles ein bisschen besser als ich, also lud ich sie für den nächsten Tag zu mir ein und sagte: „Du kannst dir ja mal anschauen, ob das, was ich koche, für dich gut genug ist."

Am nächsten Tag hab ich ihr ein dickes Rinderkotelett gebraten, nicht medium, sondern medium rare. Denn eine Frau, die ihr Rinderkotelett durchgebraten möchte, kommt für mich sowieso nicht in Frage, da kann sie aussehen, wie sie will.

Es klappte aber gut mit dem Rinderfilet, und meine Frau wurde satt. Aber dann ging sie wieder nach Hause.

Ich kochte dann noch ein paar Mal für sie. Aber es blieb immer nur beim Essen, und sie ging, bevor wir gemeinsam den Abwasch machen konnten.

Meine Rettung – ich meine: meine Rettung als Koch, Mann und zukünftiger Vater – war der Risotto. Zu diesem Zeitpunkt war ich schon ziemlich verzweifelt, und der Risotto war meine letzte Hoffnung.

An einem Risotto kannst du als Koch viel zeigen. Am Anfang steht das feine Schneiden der Schalotten, das Streicheln des Reiskorns – dieser feine Umgang, dieser Respekt, diese Vorsicht, das einzelne Reiskorn nicht zu verletzen.

Du musst zeigen, dass du mit Hitze gut umgehen kannst. Du darfst am Anfang das Reiskorn nicht anrösten, wie es viele machen, weil es auch in den Schulen gelehrt wird und in vielen Kochbüchern steht. Das ist aber ein fataler Fehler, weil der Geschmack ja nicht vom Röststoff des Reises kommt. Der Geschmack kommt von allem, was du im Verlauf des Kochens dazugibst.

Aber so weit sind wir noch gar nicht. Du musst die Schalotten am Anfang richtig anglasieren und nicht zu roh lassen, bevor der Reis dazukommt. Dann gibst du den Reis in den Topf und musst augenblicklich mit Flüssigkeit draufgehen.

Nächster Fehler: nicht mit Weißwein ablöschen! Ich lösche einen Risotto niemals mit Weißwein ab. Erstens muss die Säure des Weins nicht fünfzehn Minuten lang mitkochen, bis der Reis so weit ist. Zweitens blockiert sie das Reiskorn und verlängert den Garungsprozess.

Besonders wichtig ist, dass du heiße Flüssigkeit eingießt und nicht kalte, denn sonst quillt das Reiskorn auf, und es tritt Stärke aus. Die Flüssigkeit, mit der du aufgießt – Hühnerbrühe, Rindsuppe oder Gemüsefond, je nachdem was für einen Risotto du kochst –, muss kochend heiß sein.

Nächster Schritt: sofort salzen. Viele machen den Fehler, dass sie den Reis erst mal kochen lassen und erst am Ende salzen. Was du am Anfang versäumst, wirst du nach fünfzehn Minuten nicht mehr nachholen. Wenn du sofort salzt, hat das Reiskorn Zeit, das Salz aufzunehmen. Wenn du am Schluss salzt, bekommt das Reiskorn nur eine Salzhülle, bleibt aber in seinem Kern ungewürzt, was spätestens beim zweiten Bissen, wenn du den Reis mit den Zähnen zermahlst, auffällt.

Nächster Irrtum: die Flüssigkeit nach und nach eingießen – Blödsinn. Ich gebe die ganze Flüssigkeit auf einmal dazu, und wenn am Ende der fünfzehn Minuten noch etwas fehlt, gebe ich noch ein bisschen was dazu. Aber der Reis muss nicht nur, wie es in tausend Kochbüchern wiederholt wird, leicht von Flüssigkeit bedeckt sein – wieso das denn? Es ist egal, ob der Reis kocht wie Wäsche oder ob er so langsam dahinzieht – das einzelne Reiskorn wird trotzdem fünfzehn Minuten brauchen. Es macht keinen Unterschied, wie heftig das ganze Ding kocht.

Mein Tipp: Sei respektvoll mit der Temperatur und lass es einfach nur so blubbern. Und rühr den Kochlöffel nicht an. Denn je mehr du rührst, desto mehr musst du auch rühren. Denn das Rühren trägt dazu bei, dass von Anfang an mehr Stärke austritt, die Stärke sinkt auf den Boden des Topfes, dann brennt sie an. Auch deshalb solltest du genug Flüssigkeit im Topf haben und den Risotto erst einmal in Ruhe lassen.

Ist doch ein Geschenk: In den dreizehn Minuten, die du von mir gerade geschenkt bekommst, kannst du dich schließlich um dein Date kümmern, einen Drink einschenken oder einen leichten Weißwein aufmachen.

Wenn du willst, kannst du den Risotto jetzt bunt machen. Kräuter dazugeben. Pilze. Aber auch das lässt sich variieren. Safran kommt früher rein. Wenn ich ein Speckaroma möchte, kommt der Speck schon ganz am Anfang dazu. Wenn ich einen Pilzrisotto mache, kommt ein Teil der Pilze am Anfang und der zweite Teil am Schluss dazu. Wenn dann – einer meiner Klassiker – auch Heidelbeeren dazukommen, gebe ich die erst ganz am Schluss dazu.

Steinpilze und Heidelbeeren sind zusammen ein Wahnsinn. Beste Freunde. Heidelbeeren geben Säure, und jeder Risotto braucht Säure. Mit Säure kannst du spielen, und du hast so viele Möglichkeiten. Es muss nicht immer der Weißwein sein (und wenn schon Weißwein, dann reduziere ihn an der Seite auf ein paar Tropfen hinunter und gib die kurz vor Schluss in den Reis).

Was ist mit Zitrusfrüchten? Was ist mit Essigen? Wenn ich einen Tomatenrisotto mache, dann kommt ein Tomatenessig dazu, der ist mir lieber als der beste Weißwein. Weil er nämlich passender ist. Wenn ich einen Pancetta-Apfel-Risotto mache, dann kommt vielleicht ein Apfelessig dazu. Und wenn ich etwas mit Meeresfrüchten, zum Beispiel einen Gambas-Risotto mache, dann verwende ich vielleicht einen Zitronen- oder Yuzusaft.

Aber jetzt kommt das Fett. Jetzt wird es buttrig. Jetzt kommt der Augenblick, wo du auf gar keinen Fall anfangen darfst zu sparen: Butter, Olivenöl, Parmesan – was auch immer du dazugibst.

Allerdings ist die Gefahr, alles zu vermasseln, noch nicht gebannt. Denn in dem Augenblick, wo Butter, Öl und Parmesan dazukommen, darf der Risotto auf keinen Fall mehr kochen.

Er muss sofort vom Feuer gezogen werden, weil er sonst nicht bindet.

Jetzt entscheidet sich alles: Wenn sich die Flüssigkeit vom Reiskorn trennt, hast du versagt. Risotto bedeutet: Miteinander, ein harmonisches Miteinander von Reiskorn und Flüssigkeit. Butter rein, Parmesan rein, die Säure rein, die Kräuter rein und abgedeckt zwei Minuten stehen lassen.

Dann kommt der Moment, wo du den Risotto kräftig durchmischen musst. Und dann solltest du eigentlich nichts mehr machen. Wenn du von Anfang an alles richtig gemacht hast, wirst du keinen zusätzlichen Geschmack mehr brauchen. Jetzt nur noch genießen – und hoffen, dass deine Kochkunst deinem Date gereicht hat.

Bei mir hat es damals gereicht. Aber es war auch meine stärkste – und letzte – Waffe. Es gibt kein Gericht, das ich so beherrsche wie Risotto. Hätte es damals nicht geklappt, dann wären wir heute nicht verheiratet. So viel steht manchmal auf dem Spiel, wenn man sich mit einer Packung Reis an den Herd stellt.

251

Den perfekten Risotto zu kennen (und zu können) hat natürlich auch Schattenseiten. Ich kann niemals in einem Restaurant Risotto bestellen. Und ich kann niemandem von euch raten, Risotto zu kochen, wenn ich in der Nähe bin, sonst geht es euch wie meinem Kollegen Tim Mälzer.

Ich war mit Tim auf der „Karawane der Köche" unterwegs, als irgendein Kandidat Risotto machen wollte. Wie immer hatte Mälzer sofort seine Klappe offen und trompetete: „Der beste Risotto-Koch bin ja wohl ich."

Ich sagte ihm nur ganz leise: „Lass das, Tim, du blamierst dich. Weil der beste Risotto-Koch bin nämlich ich, und zwar mit dem Gütesiegel meiner Frau – und die ist heikel."

Natürlich glaubte mir Mälzer nicht – ich hatte gar keine andere Wahl, als es ihm zu beweisen. Ich forderte ihn zum Risotto-Duell. Vierzig Leute, jeder von uns macht seinen eigenen Einkauf, und am Ende des Abends bewerten die Gäste, nachdem sie beide Risotti gegessen haben, welcher besser war. Natürlich ohne zu wissen, wer welchen gekocht hat.

In einer Kantine in Freiburg kochten wir nebeneinander Risotto – von einer hohen Mauer getrennt, so dass wir immer nur unsere Köpfe gesehen haben und uns ein bisschen beschimpfen konnten. Da war Mälzer besser, gebe ich gern zu.

Jeder machte seinen Risotto fertig und richtete ihn in kleinen Schalen an. Ich wusste sowieso, dass ich gewinne, aber Mälzer war sich auch sicher, dass er gewinnt. Dann wurden die Teller aufgetragen, 40 Menschen aßen die beiden Risotti, und am Schluss entschieden 37 von den 40, dass mein Risotto der Sieger ist. Und die drei, die für Mälzer stimmten, waren unsere engsten Mitarbeiter, und die wollten nicht, dass Tims Laune komplett am Arsch ist, weil er mit null Punkten verloren hat. Ich sage ja immer, Unehrlichkeit lohnt sich nicht – die Laune von Mälzer war nämlich trotzdem komplett am Arsch. Er quasselte noch von Wahlbetrug und wollte die Risotto-Polizei rufen. Sein Pech, dass ich der General von der Risotto-Polizei bin.

Wir diskutierten dann noch zwei Stunden lang, und der Redeanteil von Mälzer lag bei ungefähr 98 Prozent.

Stimmt schon: Reden kann er besser.

DER WELTBESTE RISOTTO MIT PILZEN UND HEIDELBEEREN

Diesen Risotto mit Pilzen und Heidelbeeren habe ich schon vor zwanzig Jahren auf Mallorca gekocht. Er war einer meiner ersten Klassiker. Steinpilze und Heidelbeeren passen gut zusammen, die wachsen ja auch nebeneinander im Wald. Dazu kommen die Haselnüsse. So entsteht ein richtiges Waldgericht: Erdig, sauer, cremig, köstlich.

Risotto:
20 g Olivenöl
50 g weiße Zwiebeln, in feine Würfel geschnitten
120 g Kräutersaitlinge, in Würfel geschnitten
60 g Speck, in Würfel geschnitten
220 g Risottoreis
600 g Hühnerbrühe
50 g Butter
30 g Parmesan, fein gerieben
1 EL Petersilie, gehackt
1 EL Zitronensaft
Salz

Pilze:
30 g Butter
40 g Haselnüsse, halbiert
80 g Steinpilze, grob geschnitten
(Außerhalb der Steinpilzsaison Austernpilze verwenden.)

Heidelbeeren:
30 g Butter
100 g Heidelbeeren
10 g Balsamico
10 g Ahornsirup
1 TL milden Curry, idealerweise HE Currymischung

Für den Risotto Olivenöl in einem Topf erhitzen, Zwiebeln, Kräuterseitlinge und Speck darin andünsten. Den Reis hinzufügen und mit der gesamten Hühnerbrühe aufgießen. Ca. 15 Minuten kochen. Zum Schluss Butter, Parmesan, Petersilie und Zitronensaft unterrühren, bei Bedarf salzen.

Für die Pilze Butter in einer Pfanne zergehen lassen. Haselnüsse und Steinpilze (oder Austernpilze) darin anbraten.

Für die Heidelbeeren in einem kleinen Topf Butter zergehen lassen, die Beeren hinzufügen und mit Balsamico, Ahornsirup und dem Curry sanft erwärmen.

Risotto in tiefe Teller geben, Pilze und Heidelbeeren darüber verteilen.

Nachwort
von
Dani Trettl

Okay. Das Buch ist fertig. Ich hab es jetzt gelesen, und ich habe darin ziemlich genau den Mann erkannt, mit dem ich verheiratet bin. Ich liebe diesen Mann – und ich liebe ihn auch für die Schwierigkeiten, in die er sich regelmäßig bringt.

Viele halten ihn ja für einen Provokateur. Manchmal, wenn er wieder einmal einen rausgelassen hat, dass es kracht, denke ich das auch. Aber dann setzen wir uns zusammen, und er erklärt mir voller Leidenschaft, warum er findet, was er findet, und warum es dazu auf keinen Fall eine Alternative gibt.

Dann denke ich mir wieder: Herrschaftszeiten. Wer mit so viel Leidenschaft für seine Sachen kämpft, der hat Unterstützung verdient. Selbst wenn er nicht recht hat, wie in seinen zahllosen Gepländeln mit Veganerinnen und Veganern. Mit denen streitet er eben gerne. Obwohl er selbst gerne vegetarisch isst.

Er wollte zum Beispiel immer meine Bolognese bekommen, wenn er von Reisen nach Hause kam. Die hat er sicher zwanzig Mal gegessen und über den grünen Klee gelobt, bevor er gemerkt hat, dass sie nicht mit Fleisch gemacht war, sondern mit Sojagranulat.

Wir haben eine Menge miteinander erlebt. Als Roland beim „Hangar-7" aufgehört hat, standen wir vor großen Entscheidungen. Es kamen viele Angebote herein, die wir miteinander besprochen haben. Immer wieder kam die Diskussion darauf, wie wir unser Leben bezahlen werden – aber die Frage beunruhigte mich merkwürdigerweise gar nicht. Ich wusste, dass früher oder später das Richtige kommen würde. Hätte es noch länger gedauert, dann hätten wir eben noch länger gewartet.

Als Roland begann, für das Fernsehen zu arbeiten, merkte ich: Das ist das Richtige. Er konnte einfach so sein, wie er ist: witzig, leidenschaftlich und manchmal so frech wie der Lausbub von gegenüber.

Was dann passierte, war freilich ziemlich abgefahren. Plötzlich veränderte sich unser Leben massiv. Roland drehte „Kitchen Impossible", dann kam „First Dates", und plötzlich war er ein Fernsehstar. Mit allem Drum und Dran. Geld, Fanpost, Werbeangebote und tausend Menschen, die etwas von ihm wollen.

Ich schaute mir das aus der ersten Reihe fußfrei an. Ich bekam mit, wie der Mann von allen möglichen Helferlein umschwärmt wurde und sich nicht einmal selbständig schnäuzte, wenn ihm niemand dabei half.

Aber ich sagte ihm: Hör zu. Zu Hause bleibst du der Mann, den ich geheiratet habe. Der Star kommt mir nicht über die Schwelle. Der muss draußen bleiben.

Das funktioniert auch tadellos. Manchmal, wenn er gerade ein bisschen zu sehr der Star war, muss er zu Hause die Küche putzen. Nachher weiß er ganz genau, wer er ist und wo er ist.

Die Titelseite gefällt mir übrigens sehr gut. Sie spiegelt die Realität wider. Da Roland ja findet, dass er der kulinarische Diktator ist und alles essen muss, was man essen kann, ist das auch unvermeidlich. Auf dem Klo hat er auch immer seine Welteroberungsfantasien. Das ist der ideale Platz dafür, denn dort widerspricht ihm niemand. Oder sollte ich sagen: Nur dort widerspricht ihm niemand.

Bei manchen Passagen im Buch bin ich zusammengezuckt. Wenn er zum Beispiel schreibt, dass er als junger Koch problemlos 80 Stunden pro Woche gearbeitet hat, weil er dann „80 Stunden pro Woche lernen" konnte. Ich erkenne dann den Mann, der sich immer bis an den Rand der Überforderung vortastet, weil er mit seiner Energie sonst nicht weiß, wohin.

Wenn ich mir etwas wünsche, dann ein bisschen mehr Ruhe in unserem aufregenden Leben.

Und ja: Es ist ein Vergnügen, mit diesem Mann zusammenzuleben. Man muss nur auf ein paar Sachen achten: Er muss gut gefüttert werden, sonst ist er unausstehlich. Er wünscht sich ja nichts sehnlicher, als nie satt zu werden – und nicht zuzunehmen. Mit ihm in Lokale zu gehen, von denen er nicht überzeugt ist, hat keinen Sinn. Dann hat er alles selber erfunden, was gut ist, und niemand kann besser kochen als er. Aber wenn er satt ist, kann man von ihm alles haben. Er ist ein wunderbarer Vater, ein großzügiger Freund, ein Gönner der Gastronomie – und lustiger als mit ihm ist es sowieso mit niemandem.

PS: Dieses Nachwort gibt es nur, weil ich ihm nach dem ersten Buch „Serviert" gesagt habe, ich will diesmal vor Drucklegung lesen, was er den Gastronomen so ins Stammbuch schreibt. Zum Beispiel, dass er Amuse-Bouches und Petits Fours ablehnt. Ich mag Amuse-Bouches und Petits Fours nämlich sehr gerne. Aber wenn ich mit Roland unterwegs bin, traut sich kein Wirt mehr, ihm welche zu servieren – und ich kriege dann auch keine. Vorschlag zur Güte: Gebt mir meine trotzdem. Und seine dazu.

Und Salatbuffets find ich übrigens auch toll.

DANKSAGUNG

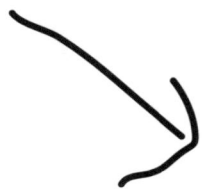

Zuerst muss ich ins Jahr 1970 zurückgehen und mich bei meinen Eltern bedanken, dass sie darauf verzichtet haben, ihre Liebe mit Gedanken an etwaige Folgen zu belasten. Hätten sie das getan und ein bisschen besser aufgepasst, ich wäre wahrscheinlich nicht hier.

Dann bedanke ich mich gleich noch einmal bei meinen Eltern. Sie haben die Folgen sportlich auf sich genommen und mich zu dem werden lassen, der ich bin. War nicht leicht für sie.

Ich finde, dass ich an dieser Stelle, wo immer alle anderen geehrt werden, meinen Dank auch einer ganz besonderen Person aussprechen sollte: mir selbst.

Danke, Roland, dass ich immer den unbequemeren Weg gewählt habe. Danke, Roland, dass ich mutig genug war, Dinge anzusprechen, über die alle anderen geschwiegen haben. Danke,

Roland, dass ich dumm genug war, mir die Ohrfeigen für alle anderen abzuholen, die zwar meiner Meinung waren, aber so klug, sie nicht laut zu äußern.

Jetzt aber der allerallergrößte Dank, den ich loswerden will. Er gebührt dir, liebe Leserin, lieber Leser. Wie bescheuert musst du sein, dir nicht nur ein Buch zu kaufen, auf dessen Cover ein kackender Typ mit einer Leberkäsesemmel auf dem Klo sitzt – sondern dieses Buch auch noch zu lesen, Seite für Seite, bis hierher. Wie irre bist du, um dir all diese Themen zu Gemüte zu führen, zustimmend zu nicken oder empört den Kopf zu schütteln.

Ich werde es dir sagen: Du bist genauso irre wie ich. Ich bin so froh, dass ich nicht der Einzige bin, der bescheuert ist. Du bist es auch. Wir sind ein Team.

Danke. Danke. Danke.

Danke auch an Dani, Diego, Christian, Christian, Helge, Kilian, Alina, Heike, Hans, Markus, Markus, Emile, Sascha, Petra, Shilan, Rabea, Lisa, Outdoor Chef, Kaffeepartner, Bernd, Kai, René, Oli und alle anderen, die mein Leben zu meinem Leben machen.

© CSV Verlag GmbH, Ziersdorf 2019
Lektorat: Heike Bräutigam
Korrektorat: Hans Fleissner

Umschlag und Innengestaltung: studiosteinwender gmbh, Salzburg
Fotografie: Helge Kirchberger Photography, Salzburg, Boris Breuer (S. 94),
Mario Andreya (S. 4), VOX (S. 90, 91)
Druck & Bindung: CPI – Ebner & Spiegel, Ulm
ISBN 978-3-9502868-8-5

www.roland-trettl.com
www.csv.at